巴顿

这是我的使命

[美] 迈克尔·基恩 (Michael Keane) 著
毛旖娜 译

Patton

Blood, Guts, and Prayer

中国电力出版社
CHINA ELECTRIC POWER PRESS

内容提要

美国陆军四星上将乔治·史密斯·巴顿（George Smith Patton）向来是个充满争议的人物，因为他的缺点和优点都很鲜明。无论是推崇还是谩骂，其实对于巴顿这个伟大的军事天才来说，更需要被理解。本书从三个方面——巴顿的血脉传承，巴顿的鼓舞人心的勇气和巴顿的信仰记述了这位美国将军的传奇生涯。

图书在版编目（CIP）数据

巴顿:这是我的使命 /（美）基恩（Keane,M.）著;毛旖娜译 . —北京:中国电力出版社，2014.5

书名原文：Patton: blood, guts, and prayer

ISBN 978-7-5123-5571-2

Ⅰ. ①巴… Ⅱ. ①基… ②毛… Ⅲ. ①巴顿，G.S.（1885 ～ 1945）—传记
Ⅳ. ① K837.125.2

中国版本图书馆 CIP 数据核字（2014）第 035189 号

中国电力出版社出版、发行
北京市东城区北京站西街 19 号　100005　http：//www.cepp.sgcc.com.cn
责任编辑：刘红强
责任校对：常燕昆　责任印制：邹树群
航远印刷有限公司印刷·各地新华书店经售
2014 年 5 月第 1 版·2014 年 5 月北京第 1 次印刷
700 mm × 1000mm　16 开本·14.5 印张·153 千字
定价：36.00 元

☆引　言☆

1918 年 9 月 26 日

“无人区”某处的弹坑中，中校小乔治·史密斯·巴顿此刻正躺在那里，奄奄一息。位于洛林谢皮小镇附近的这片致命区域，划分出了德军和美军的战线。几分钟前，敌军的机枪子弹射穿了他的身体，子弹从腹股沟射入，穿过了后臀，在身上撕开了一个杯口大的创口。枪林弹雨之间，巴顿听见几个德军士兵兴奋的谈话声，他们刚刚占领了四十码之外的战壕。因此，于他而言，试图从这个相对安全的小坑中出去毫无益处。

巴顿当时 32 岁。鲜血从伤口中涌出时，他安静地思考着死亡。这并不可怕，他想，反而出奇地容易。圣保罗说：“最后要毁灭的敌人就是死。”巴顿认为，更准确的说法应是，最后的敌人是对死亡的恐惧。

他躺在弹坑中，被战争的阴霾笼罩着，内心却充满温暖、平和与安乐。他意识到死亡与生命是何等的息息相关，从生到死的改变是多么的无关紧要，灵魂是如何的永恒。他感觉爱像一道柔和的光，包围了他。现在他终于完成了宿命，加入了先辈的行列。

这是热血。他不输先辈，已表现出了勇气，直面了他的恐惧。这是勇气。弥留之际，他无畏死亡。坚定不移的信念安抚着他，自儿时拥有之时起，他每一天都在悉心培养。这是信仰。

这是小乔治·史密斯·巴顿的故事——一个不列举其热血、勇敢与信仰的历史，就不能被确切陈述或理解的故事。

目录

信仰

铁血 Patton

几天后，巴顿第二次看见了去世的父亲。当时，巴顿正坐在父亲的桌边，注视着他的保险箱，手里拿着曾经在葛底斯堡杀死他叔祖父沃勒·泰兹韦尔·巴顿的米尼弹头，炮弹碎片也曾在温彻斯特杀死了他的祖父。当巴顿抬头看见站在门边的父亲时，眼泪从他脸上滑落。

巴顿家族主要人物谱

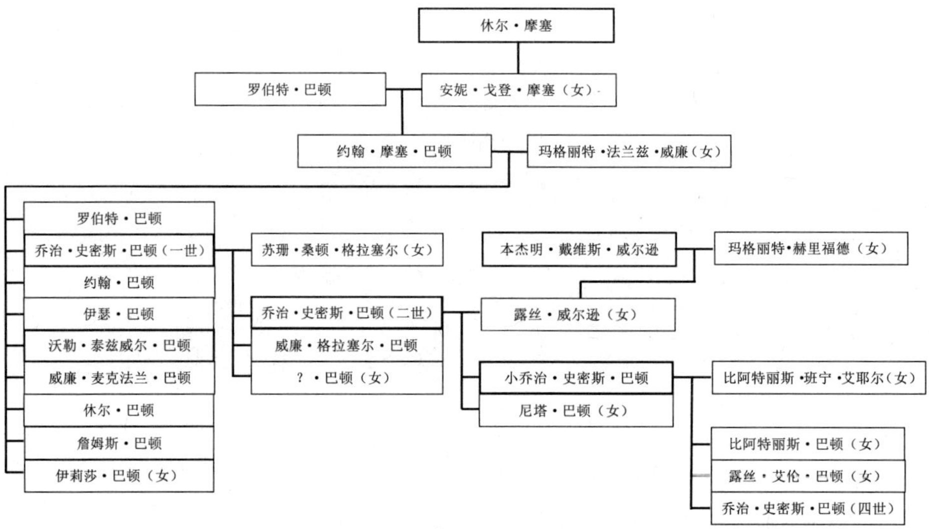
休尔·摩塞
罗伯特·巴顿
安妮·戈登·摩塞（女）
约翰·摩塞·巴顿
玛格丽特·法兰兹·威廉（女）
罗伯特·巴顿
乔治·史密斯·巴顿（一世）
约翰·巴顿
伊瑟·巴顿
沃勒·泰兹威尔·巴顿
威廉·麦克法兰·巴顿
休尔·巴顿
詹姆斯·巴顿
伊莉莎·巴顿（女）
苏珊·桑顿·格拉塞尔（女）
乔治·史密斯·巴顿（二世）
威廉·格拉塞尔·巴顿
？·巴顿（女）
本杰明·戴维斯·威尔逊
玛格丽特·赫里福德（女）
露丝·威尔逊（女）
小乔治·史密斯·巴顿
尼塔·巴顿（女）
比阿特丽斯·班宁·艾耶尔（女）
比阿特丽斯·巴顿（女）
露丝·艾伦·巴顿（女）
乔治·史密斯·巴顿（四世）

小乔治·巴顿近乎痴迷地崇拜着他的勇士先辈们。他认为自己不是个体，而是站在前仆后继的英雄队列里的一名新人。他备受曾为英勇士兵的先辈伟人的激励，常常到他们的战场和墓地去，探索着如何承袭他们的英勇。正如他的孙子写的：

乔治终生的兴趣就是在墓地、老战场和古旧遗迹漫步时，驰骋想象、体验神秘，尤其是在夜晚，独自一人的时候。这是他探索的一部分，用以联系过去。神秘的死亡吸引着他，它是可怕的、迷人的、危险的，让他觉得他还活着。

巴顿自己坦陈，老战场有一种“奇怪的魅力”。他用令人动容的字眼描述了一次葛底斯堡战地的参观经历，他有两位亲人就牺牲在那里。

为了进入思想状态，我在墓地随便地走动，让千万死者的灵魂队列整齐地浸透到我的内心深处。而当太阳隐没南山时，我走到了皮克特伟大冲锋的现场，坐在了奥姆斯特德和我两个伟大的先辈死去的那块岩石上。我看着这个时代的传奇逝去……感觉很美妙，也没人来打扰。

在去西点军校之前，巴顿就读于弗吉尼亚军事学院——他的父亲（乔治·史密斯·巴顿二世）和祖父（乔治·史密斯·巴顿一世兄弟）都曾就读于此。巴顿的父亲从弗吉尼亚军事学院毕业之后，选择了从商和从政，并未从军。之后他同儿子分享了一个秘密，承认他是一个“热爱和平的人”。也许巴顿父亲在南北战争中见惯了杀戮。因此，他向儿子灌输浪漫主义的战争观，以点燃儿子对军事的野心。同时巴顿父亲在加利福尼亚南部建立的政治关系，为日后巴顿进入西点军校奠定了基础。

第一章 南军的幽灵[1]

> 我哭泣，因为我仅剩七个儿子去对抗北方佬。
>
> ——佩吉·巴顿[2]

从巴尔的摩出发的火车，途经几次停站的耽搁，晚点数小时后驶入了弗吉尼亚州的温彻斯特站台。夜幕已经降临，连绵的雨拍打着车顶。在漆黑的行李车厢里，一个弗吉尼亚军事学院的青年学员，正坐在一副棺材上。棺材里躺着的是他的叔叔，一位在南北战争中倒下的老兵。当火车沉重的金属大门轰隆打开时，站台上聚集的一小撮人映入了眼帘，他们被雨浸透的油布雨衣反射着手中提灯摇曳的灯火。这位学员紧张地向开启的车门移动。如果这次遗体转移完成得不妥当，他可能会被拘捕。[3]

“你们是谁？”他向车外聚集的人问道，“你们想干什么？”

人群中一个黑影上前，解开了自己的雨衣，露出了南军军官

---

[1] 本章主要讲述了沃勒·泰兹韦尔·巴顿、乔治·史密斯·巴顿一世和休尔·摩塞的故事。

[2] 乔治·史密斯·巴顿一世的母亲，全名为玛格丽特·法兰兹·威廉。佩吉是玛格丽特的昵称。

[3] 根据后文推断可知，此时为1874年，南北战争已经结束，北军胜。乔治·史密斯·巴顿二世的叔叔属于南军，牺牲后葬于巴尔的摩。此次是将其遗体转移到温彻斯特。

的制服。几个男人沉默地踏上火车，将那位英雄的灵柩抬上了骡车。黑影尾随着灵柩缓慢地向墓地前进，同行的还有一个敲着低沉鼓点的年长士兵，一个举着被认为是南方败退叛乱军非法星条旗的旗手。

墓地里，棺材被放在这个学员父亲的墓冢旁，一条早已挖好的沟道边。学员的父亲，即这位学员一路从巴尔的摩护送至此的逝者的哥哥，同样是在南北战争中牺牲的英雄。然而沟道似乎太小了，这个年轻人抓起铲子跳进沟中就开始挖起来。他瞥见了父亲露出的棺材，已经在地下埋了十年，木板有些腐烂了。在诡异且闪烁的灯火中，他依稀看见父亲的脸和他的大胡子，看见父亲灰色制服领口上的金色缎带。数年之后，乔治·史密斯·巴顿二世简单地评价过他看到父亲尸体的事，"他看起来和我记忆中的一样。"

巴顿二世叔叔的灵柩葬于乔治·史密斯·巴顿一世之旁，他以弗吉尼亚州长利特尔顿·泰兹韦尔·巴顿的名字命名，叫沃勒·泰兹韦尔·巴顿。家人叫他泰兹韦尔或泰兹，约翰·摩塞·巴顿和夫人佩吉的十二个子女中，有九个活了下来，其中八个是男孩，而泰兹则是老幺。在南北战争爆发的时候，泰兹韦尔加入了南军，最终获得了中校的军衔，统领弗吉尼亚第七步兵团。他在1862年8月30日的第二次马纳萨斯之战中受重伤，之后被送回家疗养。他的家人突然发现，这几年来流血的经历已经让泰兹韦尔从一个狂暴浮躁的青年变成了一个经常谈论宗教且反省自身以求纯净、神圣生活的灵性之人。他似乎已经成为暴力和杀戮的一部分，被其纠缠、困扰。

泰兹韦尔伤愈之后，参加了弗吉尼亚参议院的选举。他本可以听从特别军事法庭的安排，做一名全职的立法委员，但他选择回归军队。在 1862 年 12 月被分配到了北弗吉尼亚罗伯特 · E. 李军队中乔治 · 皮克特的一个师里。对北军的正面攻击虽然失败，但在葛底斯堡战役的第三天和最后一天，南军仍然牢牢捍卫着战线，而泰兹韦尔则在皮克特的著名冲锋中身负重伤。南军迎着北军的子弹，稳步推进，穿过近一英里的旷野。这次令人惊骇的暴力场面让两方的士兵至死仍带着敬畏之意。展开进攻的人超过 14000 人，其中仅不到一半返回他们的安全战线。大批士兵死在战场。皮克特的师损失最为惨重，倒下去将近 2/3，包括所辖 3 个旅的指挥官。13 个团的指挥官也或死或伤。

一个联邦炮兵军官，中尉亨利 · T. 李，目睹了泰兹韦尔倒下的时刻。在进攻的时候，李看见两个南军军官携手跳上了位于他炮台后方的墙，随即就倒下了。这种行为让他印象深刻，在击退冲锋之后，他前去寻找倒下的南军军官。一个是十九岁的男孩，已经死了。另一个下巴粉碎，伤口狰狞，奄奄一息。这个受伤的军官打着手势向李要来笔和纸，写道："当我们靠近墙的时候——我的兄弟和团副官，上尉 ××（名字忘了）靠近我说：'下一个该轮到我们了，泰兹韦尔。'我们握着手，跳上了墙。把这个给我的母亲，让她知道她的儿子死得其所且是按照她理想的方式。"

约莫六个星期后，佩吉 · 巴顿收到了装在一个信封中的两封信。稍早的一封，写于 7 月 15 日，是泰兹韦尔口述给一个护士的：

我亲爱的母亲：

我躺在这张令人折磨的床上已经休息了将近两个星期。在收到信之前，你一定听到我受重伤且落在敌军手里的消息了。在大概两个星期里，我被羁留在战地医院，备受折磨与痛苦。

我的嘴巴受了伤，脸骨两侧严重骨折。医生们似乎觉得我丢掉性命的可能性不大。伤很严重，很烦人且必须要用很长一段时间来恢复。

我向你保证，当我痛苦地躺在黑暗冰冷的土地上时，对我来说最大的安慰是仰望上帝，你常将我幼稚天真的想法说与上帝，让我感觉自己是上帝收养之子。朋友不在身边的人们，当饱受疾病和苦痛折磨之时，仍然能够冥思圣经中伟大的救赎，这是多么令人高兴啊。虽然我远不是始终如一的基督徒，但我从未放弃对耶稣的信赖，而此刻我发现它的珍贵难以言表。我写这些是为了表明我的精神状态，并且告诉你继续为我祈祷。

我很高兴在这样的逆境中能如此欢快地写信。我自知我不能够每天如此。有时我会觉得很糟糕，很虚弱。我强烈地盼望着恢复健康，回到弗吉尼亚朋友们的温暖怀抱。在梅多斯，在春天农场或是在里士满，有家人的陪伴，是我能体验到的最开心的事情。然而我必须将之延后一段时间。一旦我能够远行，我会立刻回家。

献上我对所有人的爱。我写信会有些困难。若想联系，我的地址是宾夕法尼亚州葛底斯堡附近的医学院第七中将治疗室中校W.T. 巴顿收。几天前，可怜的路易斯·威廉姆斯因为战争中所受的伤已经逝世。

爱你的儿子

W.T. 巴顿

第二封信，日期是 7 月 24 日，显然出自同一人之手，却在开头写着可怕的字眼，“我遗憾地告知您……”佩吉·巴顿得知他的儿子泰兹韦尔因伤于 1863 年 7 月 21 日上午 11 点逝世，在他 28 岁生日后的第 6 天。

他意识到死亡的临近，如战士和基督徒般迎接了它。他反复说着“唯在基督，听天由命，听天由命”。虽然他说话困难，但我能听见他反复吟诵赞歌的第一句“万古磐石为我开”……他叫人念圣约翰十四章给他听……从他在巴尔的摩医院的护士，麦克蕾和赛耶小姐处得知……他备受关注，且受到驻扎在医院周围的几位联邦军官友好相待。

在收到宣布泰兹韦尔死讯的信件后不久，佩吉收到了来自他的护士麦克蕾和赛耶小姐的另一张纸条，附上了她们曾读给她儿子听的一首诗歌的剪报：

在战场上，母亲，我彻夜躺着，
天使看着我，母亲，直到破晓。

护士最后写道，她们将不会忘记泰兹韦尔“枕头上漂亮的栗色头发”。

当她叠起纸条后，佩吉·巴顿才因儿子的死而爆发眼泪。当她的另一个儿子问她为何哭泣时，她将埋于手掌的头抬起，轻蔑地说道：“我哭泣，是因为我仅剩七个儿子去对抗北方佬。”泰兹韦尔因在参加的几乎每场战役中表现勇敢而受到嘉奖。八个兄弟中，他被当作最勇敢的人被其他人所铭记，因为他往常是最胆小的。

十年后，泰兹韦尔的遗体最终被安置在他哥哥乔治·史密斯·巴顿一世的旁边，乔治·史密斯·巴顿一世同样死于南北战争，去世时31岁。他生于1833年弗吉尼亚的弗雷德里克斯堡，并在16岁时进入弗吉尼亚军事学院——他兄弟之中有3人进入弗吉尼亚军事学院。1852年，乔治以全班第二的成绩毕业，他的战略、法语、数学、拉丁语、地理和化学均排名第一。毕业后他在里士满任教两年，同时在他父亲的律师事务所实习。1855年的9月，他与苏珊·桑顿·格拉塞尔结婚，共养育4个孩子。最年长的生于1856年9月30日，名为乔治·威廉姆斯·巴顿，后改威廉姆斯为史密斯，随父亲的名。少年乔治·史密斯·巴顿（即乔治·史密斯·巴顿二世）后来移居加利福尼亚，婚后养育两个孩子，其中一个便是后来“二战”中的将军。

巴顿家族的军事传统早于联盟军成立之前。泰兹韦尔和乔治兄弟俩的祖父罗伯特·巴顿，还有罗伯特·巴顿的岳父休尔·摩塞曾参加过独立战争。1746年摩塞从苏格兰开往费城的船上逃走。他在查尔斯·爱德华·斯图亚特——“查理小王子”——军队中担任医生，帮助他受伤的苏格兰同胞争取他们的独立。

1755年春天，摩塞加入了英国前往俄亥俄河旁要塞杜肯堡的远征。总指挥是爱德华·布雷多克将军，指挥官中包括了乔治·华盛顿和未来美国独立战争中的6位将军。当队伍距离目标4英里处（现在位于宾夕法尼亚州的匹兹堡）隐匿于森林中的法国军队和印第安人从三个方向攻击先遣部队。近千名英国士兵在随后3

个小时的战争中被杀。布雷多克被射中肺部。4 颗子弹擦破了华盛顿的外套，他奇迹般地躲过了伤害。尽管休尔·摩塞重伤，但他恢复后仍继续在与法国及印第安人战争中坚持了三个春秋。

战后，摩塞在弗吉尼亚州弗雷德里克斯堡的一个繁荣小镇定居。在那儿，他和与他有同样反政府思想的苏格兰和爱尔兰后裔的殖民者发展了友谊，建立了社会关系。他们多次聚在旭日酒馆举行朗姆宾治酒会。派对中的人，有些在不久的将来在美国独立战争中扮演了重要的角色，并在之后的美国政府担任要职。乔治·华盛顿是它们的顾客，帕特里克·亨利也是。斯宾塞·门罗是酒馆的常客，有时他会带着他的儿子詹姆斯——未来的大总统——前来。约翰·保罗和未来的首席大法官约翰·马歇尔都曾在酒馆喝过酒。旭日酒馆的所有者是乔治·威登，他在把朗姆宾治从他的船里倒出之时，就有了“老乔头”的小名。他在之后成了一名陆军上校。

休尔·摩塞与乔治·威登的小姨伊莎贝拉·戈登结婚，共养育 5 个孩子。摩塞在弗雷德里克斯堡的卡洛琳大街做医生和药剂师。他声名显赫的病人中有一位就是乔治·华盛顿的母亲玛丽。华盛顿把母亲交给摩塞是怕她养成酗酒的毛病。当摩塞帮她检查时，发现她身患癌症，并且开始依赖酒精来缓解疾病的痛苦。摩塞为玛丽治疗，让她每日顺道来他那里一趟，给她服用温和的镇定剂。

1775 年春天，革命的热情在康科德和莱克星顿的血腥战争中爆发。在弗吉尼亚州里士满的圣约翰教堂中，帕特里克·亨利进行了他著名的演讲：“不自由，毋宁死！”弗吉尼亚的其他爱国者建立起安全委员会以保护他们的权利，并组建了三个民兵团来捍卫它。帕特里克·亨利指挥其中一个，摩塞负责另一个。摩塞就任指挥官时，宣布："我们参与的不是野心的战争，否则我不会在这儿。对我来说，我的观念中只有一件事，那便是事业的蒸蒸日上，上帝将会见证我是多么甘心舍命来稳固这份事业。"他的话是有预见性的。摩塞同家人告别前往威廉斯堡，这是他人生中第二次拿起武器以自由的名义来对抗英王。

到了 1776 年秋天，没有经验又缺乏资金的大陆军似乎快要失败了。随着布鲁克林战役的失败和撤退，公众的支持度和新兵招募人数下降，逃兵人数不断增加。甚至总指挥乔治·华盛顿看起来都丧失了信心。"我觉得这场游戏将要结束了"，他在 11 月某个令人沮丧的时刻写道。然而，大陆军的命运随后发生了戏剧性的改变。

12 月 6 日，约翰·阿姆斯壮将军无意间听到了两名军官谈论关于要横穿特拉华州奇袭特伦顿守敌的秘密计划。这两名军官就是乔治·华盛顿和休尔·摩塞，他们都将参与圣诞节的夜行。进攻完全出乎黑森雇佣军的意料。敌军百人被杀，千人被虏。大陆军仅牺牲四人。这一惊人又鼓舞人心的胜利让大陆军士气大涨，原本数日后军队可能将被解散，因为时至年末，许多士兵服役期已满。

在特伦顿取得胜利之后，华盛顿将目光瞄准了普林斯顿附近的英国补给站。一份此区域的间谍地图泄露出一条英军防卫区附近很少被用到的小径，沿着驿道进入普林斯顿。华盛顿军队的主力从这条小径进入小镇，而由摩塞将军带领的其他四百余人沿着斯托尼布鲁克向北行进至驿道桥。摩塞的目标就是将桥梁摧毁，以阻断来自特伦顿的英国援军。

当摩塞的人马到达桥梁的时候，英军正在过桥准备离开小镇。当附近的高地失守后，摩塞决定重新与大部队一起向普林斯顿前进。他们在穿过果园时，遭受了袭击。他们向着英军扫射，但纪律严明、训练有素的英军，以更快的速度重装弹药，在用刺刀讨伐摩塞军队前以三倍的火力回击。摩塞的马被子弹射中倒地。他只能步行前进，难以集结人马，不一会儿他的队列就被打乱了，士兵四处躲避英军的攻击。摩塞没有逃跑。他被火枪射中，随即又被枪托打中头部。当敌军看到他的军衔后，他们为抓到叛军将军而欢呼雀跃，并且让他"讨饶"，也就是，要乞求才能继续活下去。无畏的摩塞拒绝了，反而用他的剑刺向了一个离他最近的让他受折磨的人，他也被刺刀刺伤，随后等待着死亡的降临。

华盛顿被枪声吸引过来，面对摩塞正逃跑的士兵，他大声喊道："仅有少数敌军，我们立刻拿下他们！"溃散的人马因为华盛顿的出现和目睹大部队的援助而受到鼓舞，重新聚集起来。华盛顿大胆地独自骑行于革命军和正在逼近的英军之间。他不理会敌军，命令他的部队准备开火。两军正面交锋，战场上炮火连天，之后英军逃离战场。

受伤的摩塞被带到了威廉·克拉克的家中，他是摩塞遭袭的这片果园的主人。克拉克的妻子和女儿照料着他，却被冲进屋子的英军打断，并且要强行带走这位无助的将军。神志昏迷的摩塞躺在被血浸透的草垫上，坚称自己已经被释放，并不是查尔斯·斯图亚特叛乱——31年前他在英格兰时参与过那一场叛乱——时的逃兵。

当华盛顿得知摩塞重伤濒死后，他派自己的侄子乔治·华盛顿·路易斯休战去核实摩塞的状况。英国将军康沃利斯也仗义地派他的私人医生去协助殖民地医生照料摩塞（康沃利斯也可能是为了平息民众因摩塞在昏迷时所遭受的对待而激起的愤怒）。路易斯到达将军的床侧，举起摩塞的左臂，看到他肋骨间深入肺部的刺刀伤痕。摩塞知道他的伤是致命的。“报告长官，那家伙会让我很快玩完儿的。”他说道。

“我的死是因为我自己。”摩塞告诉路易斯。然后他念出了表明自己爱国情怀的墓志铭：“每个人的死亡如生一样必然，即便是一个从事公平正义的事业而受尊敬的士兵。”1777 年 1 月 12 日，战争后的第九天，摩塞在路易斯的怀中逝世。3000 个哀悼者参加了他在费城的葬礼。谣传摩塞是在准备投降的时候被刺杀的，这激起了殖民者的愤怒。20 年后，乔纳森·特朗布尔为这位革命英雄画了一幅画，名为“普林斯顿战役中摩塞将军之死”，使之名垂千古。在这幅作品中，一位无畏的将军，斜靠着他倒下的战马，一只手抓着进攻者的刺刀，一只手向敌军挥舞着佩剑，背景则是华盛顿骑着马前来援助。

摩塞死后 15 年，他的女儿于 1792 年 10 月嫁给一个名叫罗伯特·巴顿的弗吉尼亚富裕商人。与摩塞一样，巴顿也是苏格兰的移民，但是他拒绝加入大陆军。罗伯特·巴顿的 7 个孩子之中，有一个叫约翰·史密斯·巴顿，他生育了 9 个儿子，有一个就叫作乔治·史密斯·巴顿（即乔治·史密斯·巴顿一世）。乔治·史密斯·巴顿的长子，另一个乔治·（威廉）史密斯·巴顿（即乔治·史密斯·巴顿二世），就是二战传奇将军小乔治·史密斯·巴顿的父亲。

第二章 本杰明·戴维斯·威尔逊

> “那儿没有法庭、陪审团、律师，他们也不需要这些。人们诚实且热情，他们的承诺比契约还要牢靠……”
>
> ——本杰明·戴维斯·威尔逊

小乔治·史密斯·巴顿的许多方面——身高、体形、面貌，还有性格，都遗传自外祖父——本杰明·戴维斯·威尔逊，但是他对威尔逊的遗产一点儿也不感兴趣。巴顿是美国历史上两个权势家族的后代。他的父辈祖先都是法律界、政府部门或是弗吉尼亚军队的上流人士。另一方面，本杰明·戴维斯·威尔逊则代表了粗狂且主张平等的美国西部。两方的血统在巴顿的性格中显而易见，但他身上父系家族的弗吉尼亚血统的特征更明显。

本杰明·戴维斯·威尔逊白手起家，取得了突出的商业成就，过着极其冒险的生活。1811 年 12 月 1 日他出生在田纳西州的纳什维尔（当时在美国 17 个州中的最西边）。在比田纳西州更远的地方，有一大块荒野。早在 8 年前，托马斯·杰斐逊总统已经从法国人手里买下了它。在荒野的西部边缘，西班牙王朝坚持君权统治。依偎着洛杉矶河的是被称之为“天使的女王”的小镇。

威尔逊的命运同这块土地纠缠在了一起，这小镇就是洛杉矶市的前身。

父亲去世时，威尔逊才 8 岁。15 岁时，威尔逊在密西西比州亚祖河流域的维克斯堡北部经营小买卖。很快他就从小买卖做到了毛皮生意，在圣达菲大量出售海狸毛皮，并成立了自己的狩猎团队。威尔逊大概是美国历史上被称为“山人”的千余名落基山捕猎者中的一员。这是个有趣的圈子。

在那个时代，山人与游骑兵、地狱天使、维京人和海盗一起被归类为一种文化变异。他们离开 19 世纪舒适的生活，到一个在地图上几乎看不见，有着与冒险电影中完全不同的景色的地方过着石器时代的生活……他们靠土地生存，同那些在相同环境中已经生存几千年的印第安人一样。他们猎杀到什么吃什么，猎杀到什么穿什么，只要他们没被猎物杀死。

山人会遭受印第安人部落的掠夺，特别是黑脚族和科曼奇族，他们会偷走山人的马匹和皮毛。大灰熊是另一个有杀伤力的对手。大多数山人都曾有过遇到凶猛野兽的经历，但是他们似乎被生死搏斗的刺激所吸引。

1835 年至 1836 年间的冬天，威尔逊参加了一场到希拉河流域的捕猎。23 岁已经成立自己小公司的他，同其他 5 位捕猎者一起出发。断粮 6 天后，威尔逊不得不射杀了他的骡子以免饿死。更糟糕的是，他们又断水了，徘徊了 5 天后才找到一个峡谷。

在另一次捕猎中，威尔逊和他的伙伴被阿帕切族战士袭击。

袭击者正伺机为被一个叫詹姆斯·约翰逊的美国人所暗杀的胡安·约塞酋长报仇。威尔逊事实上是约塞的朋友，所以他没觉察到印第安人的杀意。三个捕猎者被俘虏，包括威尔逊。阿帕切族扒光了他们的衣服并开始跳战斗舞，准备活活烧死他们。威尔逊想尽办法才得以逃脱，并在几天后，步行了将近 200 英里回到圣达菲。

时至 1841 年，反美情绪渗透进新墨西哥州，那是一块墨西哥人的领土。这个地区流传着得克萨斯人 5 年前已经从墨西哥人那里获得独立的谣言。威尔逊和其他外国人被怀疑是这场阴谋的共犯，所以他匆忙卖掉了自己的店铺，计划前往西海岸，打算以他的方式到中国去。

威尔逊将财产装上骡车，从圣达菲出发，他们一行总共 134 人。有雅克布·法兰克福，不久后将成为第一个在洛杉矶定居的犹太人。有人还赶着一群羊，在他们沿着旧的西班牙路径西行途中为他们提供了食物。他们穿过了科罗拉多的西南角，然后从北面进入犹他州中部和西南部，穿过内达华的沙漠到达了有泉水的拉斯维加斯。之后他们穿越了莫哈维沙漠，到达卡洪山口，经过圣贝纳迪诺山脉后，最终进入加利福尼亚南部，但那里仍然是墨西哥人的领土。他们在 1841 年 11 月 5 日到达了圣盖博教堂，他们是第一群横跨大陆到达这里的移居者（其他大多数人都是乘船至此或是脱离了捕猎队伍到这里的）。

威尔逊并不打算留在墨西哥人的另一块领土上。他去了圣弗朗西斯科 3 次，每次都是为了寻找去往远东的通路，但每次都不成功。他最终放弃了到中国冒险的打算，定居在了加利福尼亚的阿尔塔，成了一个大庄园的农场主。在离开新墨西哥后一年半，他花了1000美元为自己买了一块牧场——祖纳牧场，现位于加利福尼亚州的河滨市。在那儿他找到了满足感：

在为离开加利福尼亚而付出的许多努力失败后，我却受到当地加利福尼亚人（墨西哥人）的友好对待，我得出一个结论：世界上没有任何一个地方可以让我获得比在他们之间享受到的更多的幸福和友谊了。那儿没有法庭、陪审团、律师，他们也不需要这些。人们诚实且热情，他们的承诺比契约还要牢靠……

威尔逊欣然定居于这个群体中，而且他受人尊敬，被邀请做小镇的镇长。这个位置可与市长相较，但它结合了行政、立法和审判的权力。根据墨西哥法律，从严格意义上说美国公民威尔逊没有担任这一职位的资格，但是他在朋友的敦促和符合自身利益的情况下接受了。

在获得祖纳农场一年后，32岁的“唐·贝尼托”——他在此地的化名，以另一种方式安家落户——他娶了邻居家年仅15岁的女儿，拉蒙娜·约巴。她的父亲，唐·伯纳多·约巴拥有以150000英亩地闻名的圣安娜农场，现今位于橘子郡。

威尔逊婚后不久，一头大熊杀死了他的一头奶牛。他尽职地追着熊，跟着它进了森林。当他和他的马被野藤缠住时，大熊扑向了他们，马被撞翻，人摔倒在地。大熊在被农场的狗吓跑之前用牙猛咬威尔逊臀部、肩膀和肺部。牧场工人将唐·贝尼托带回了家，但是他失血过多，以至于暂时失明、失语。伤愈后，他让牧场工人宰了一头牛拖到大熊曾被发现的地方，并让两个人在一棵梧桐树下守候。黄昏时，大熊一出现，他们就开枪。在离开现场前，大熊还试图攻击树下的人。第二天威尔逊和另一行人在一个泥坑中找到了大熊，它正在那儿养伤。这头不服输的野兽又一次对威尔逊发起攻击，但被一阵乱枪打死。

1845 年的夏天，皮奥·皮可，加利福尼亚的墨西哥地方长官，让威尔逊领导一场对抗印第安人部落的运动，因为他们反复骚扰这里的农场。威尔逊进行了三次突袭才平定了这片领土。但威尔逊在一场斗争中被毒箭射中了肩膀。

1846 年 5 月 14 日，在索诺马加利福尼亚州宣布独立。几个星期后，蒙特利升起了美国旗帜。为应对美军向洛杉矶的进军，地方长官皮可让威尔逊组建军队以击退外国人。威尔逊艰难地拒绝了，他解释道他是个美国公民，而且他不是一个军人（尽管他在最近的袭击中对抗了印第安人）。受到被逮捕的威胁后，威尔逊发现自己处境微妙。他没有拿起武器对抗美国人的欲望，但是他快乐地生活在墨西哥人之中，他是这个群体中受人尊敬的一员。他说着流利的西班牙语，通过婚姻俨然成为了墨西哥家庭中的一员，而且他是这里的镇长。威尔逊恳求是否能让他安静地待在他的农场，他会"平和地，不对国家作出任何敌对的行为"。

当美国海军准将罗伯特·斯托克顿在 8 月到达圣佩德罗准备向洛杉矶进军时，墨西哥军队没有抵抗就撤离了这片区域。威尔逊在斯托克顿到达时接待了他，送了他一匹马，并护送他到洛杉矶中部以保证他的安全。斯托克顿看到了威尔逊在当地群体中的影响力，向他发出了军事命令。威尔逊搬出拒绝皮可时的理由——他不是一个军人。最终在争取到他不会被要求服务于南加利福尼亚之外的保证后，威尔逊终于接受美国陆军的任命，担任上尉。威尔逊在奇诺战争中战败，他和他的人马选择了投降。威尔逊被威胁将处以死刑，但是在他被俘后战争很快就结束了，他也被从监狱中释放出来。

随着加利福尼亚成为美国的一部分，威尔逊重新开始了商业上的追求。他放弃了牧场，搬进小镇，在洛杉矶的市中心开了一家店。1850 年，他是当地最富有的人之一，拥有 55000 美元的资产。在加利福尼亚成为一个州后，本杰明·戴维斯·威尔逊被选为洛杉矶第一任国家公职人员。1851 年他被选为洛杉矶市长，随后还担任了几届县镇委员和三届州议员。

1849 年，拉蒙娜在结婚后第 5 年逝世，留下了两个小孩。4 年后，威尔逊娶了一个年轻的寡妇玛格丽特·赫里福德。新的婚姻带来了两个女儿，露丝和安妮。露丝长大后嫁给了一个来自弗吉尼亚的男人。1885 年 11 月 11 日，在父亲葡萄园湖的房子里，她生下了小乔治·史密斯·巴顿。但唐·贝尼托已在 8 年前逝世，他从未见过这个今后成为“二战”著名将军的外孙一面。但是他的外孙因勇敢、喜爱冒险和令人生畏的脾气而出名，这些都秉承了本杰明·戴维斯·威尔逊的特质。

第三章　爸爸[1]

> 你的身上流淌着优秀士兵的血——你面前的机会是用来激发你最大努力的。成为一个可敬、勇敢、正直的人，你将收获你应得的奖励。
>
> ——乔治·史密斯·巴顿二世
>
> 在一封给儿子的信中说

乔治·威廉·巴顿对战争的可怕有直观的了解。当还是个小男孩时，他就目睹了南北战争带来的死亡与破坏，南北战争是美国最为暴力与血腥的冲突。他的父亲，乔治·史密斯·巴顿上校就死于那场战争，在弗吉尼亚北部的温彻斯特战争中，他在试图集结军队时被炮弹所伤。上校因拒绝切除伤口坏疽而在几天后去世。

父亲去世之后，男孩帮着家人重新在弗吉尼亚麦迪逊小镇上一个名叫伍德贝瑞森林的牧场定居。他们在家中发现了两具北方士兵腐坏的尸体。男孩将尸体拖到了偏远的地方，把他们埋在了那儿。然而，在埋尸体之前，乔治·威廉必须扒光他们的衣服，否则一旦尸体被发现，一家人就会因为谋杀北方人而被定罪。赤

[1] 本章主要讲述了乔治·史密斯·巴顿二世（乔治·威廉·巴顿）的故事。

裸的尸体想必永远不会被认出来。

11岁刚过不久，男孩就因提出将中间名威廉改为史密斯的请求让母亲苏珊大吃一惊，如此一来，他就与去世的父亲同名了。她犹豫了。苏珊偏爱儿子格拉赛尔，而且怀疑乔治·威廉是否能够不负她所深爱的丈夫的遗业。当她最终同意的时候，小男孩严肃地说："我只希望我能配得上它。"之后，格拉赛尔在放风筝时从马厩屋顶摔落，头部严重受伤，上校巴顿的遗业也仅能靠乔治来继承。

战后，苏珊·巴顿和她的孩子一起移居加利福尼亚的南部，同她的哥哥住在一起。1870年，她嫁给了乔治·休尔·史密斯，他第一任丈夫的表兄，也是她哥哥律师所的合伙人。孩子们开始崇拜起他们的继父。史密斯并不想他取代他们关于父亲的记忆，他以自己的方式用他亲眼所见的巴顿的战时功绩与勇敢来让弟弟妹妹心中关于父亲的传奇故事闪闪发光。

甚至还是青少年时，乔治·威廉已经对战争的杀戮和父亲的失去感到麻木。但他仍希望继承父亲南方的军事传统，且以父亲为荣，他进入了父亲也曾就读的弗吉尼亚军事学院。当回到弗吉尼亚的时候，他重新联系了他的奶奶，佩吉·巴顿。如果说乔治是因战争而受到创伤，那他的奶奶便是一个顽固守旧的反叛支持者。在她去世前不久，乔治护送她的马车去教堂做礼拜。一位高贵的前任南军上校在他们经过时向佩吉举起了帽子，佩吉当即质问他："告诉我，上校，你有没有在牧师为'美国总统和其他当权人'祈祷时说'阿门'？"因为知道巴顿夫人的两个儿子在对抗北军时牺牲，他慎重地点了一下头："是的，女士，我说了。毕竟战争结束了。”佩吉的脸板了起来，然后抓过乔治的马鞭，向着上校的脸抽了过去。“继续驾车。”她命令他的孙子，并把马鞭扔给他。作为巴顿的后裔，威廉知道，“很显然，对她来说，战争远没有结束”。

从弗吉尼亚军事学院毕业时，他在那儿向1877级学员致了告别辞，乔治·威廉决定不去从军，而是回洛杉矶。南加利福尼亚是先前的南军为寻觅新生活的著名避难所。作为长子，他必须责无旁贷地帮助挣扎着的家庭，却也可能是因为他已见过太多战争中的死亡与麻木不仁。此后，他常疑惑他放弃军事野心是否辜负了自己；是否以家庭经济困难的借口而放弃了军人的磨难，以求过着舒适的平民生活。这复杂的情感在他的余生都萦绕不去。

乔治·威廉以律师而闻名，成为了洛杉矶和帕萨迪纳市的地方检察官。他娶了本杰明·戴维斯·威尔逊的女儿露丝，养育了两个孩子，小乔治·史密斯·巴顿——儿时叫“乔吉”——和尼特。乔治·威廉常对未选择之路暗中向往，因此他把他未实现的军事抱负灌输给了自己的儿子，告诉他战争的传奇，却并不以儿时所见到的战争赤裸裸的残酷性来教育他。然而一个夏天，在与儿子在卡特林纳岛上狩猎山羊时，他矛盾的感情表现了出来。在以往的日子里，他一直和儿子一起打猎和捕鱼，可他从未带过枪或是将鱼竿伸进水里。乔吉问他为什么。在长时间的停顿后，乔治·威廉平静地说：“我是个热爱和平之人。”他几乎带着歉意，就像这是一场告解。然而父亲继续鼓舞并支持着他儿子的军事雄心。

乔吉基督教坚信礼的礼物是一本皮面装订的书，那是他祖父巴顿上校在南北战争时一直携带的书。乔吉的父亲为最初的拥有者刻了一段祷文：他冲在部队的前头，光荣的牺牲，他在世时是一个士兵，但从未放弃基督徒的身份。刻字让乔治·威廉对于军人职业产生矛盾的感觉，然而他仍旧培养儿子要在战场上赢得荣耀的观念，即便是牺牲。

1902 年的夏天，乔吉决定从军，但凡知晓他多年来所受到的关于继承巴顿遗业的教导的人都不会意外。父亲为儿子的决定感到高兴，他们两人都决定找机会让乔吉进入联邦陆军军校——西点军校。通过进入西点军校而不是弗吉尼亚军事学院，巴顿会开辟一片新的天地。

然而，弗吉尼亚军事学院仍是一个选择，如果乔吉没有被西点军校录取的话。考虑到家族传统，他基本可以保证被弗吉尼亚军事学院录取。西点军校则另当别论，先需要进行一场竞争相当激烈的测试，考验申请者的学识与竞技能力，而后由总统或国会提名。作为原因不明的失语症的受害者，乔吉在学业上总是很挣扎。但是他比其他申请者有一个优势：父亲坚定不移的支持和一心一意的付出。

老巴顿动用了这几年在南加利福尼亚商业和政治上培养出的所有关系。他认为最有可能的是得到美国参议员托马斯·R. 巴德的提名，他是优尼科石油公司的创始人，南北战争中联邦军的老兵，并且是一个共和党人。巴德的下一个空缺名额是在 1904 年 6 月。

但巴德成为帮忙的人似乎没有希望。巴顿是民主党人，并且被认为是一个“憎恶反叛者”的人。他几乎不能赞同乔吉联盟军的血统。为获得巴德的提名，老巴顿付出了 18 个月的努力。

巴德不断收到支持小乔治·巴顿候选人身份的来信，每一封都需要巴德的私人秘书回复。信件来自一些身名显赫的人，如约翰·B. 米勒，爱迪生电力公司的主席；H.E. 亨丁顿，洛杉矶铁路公司的主席；法官 H.T. 李；还有几名是加州俱乐部的精英。巴德改变了不赞成巴顿候选人身份的想法，竟然给了这个年轻人“与其他申请者竞争的机会”。

因为申请进入西点军校的提名迟迟未确定，乔吉开始怀疑他是否配得上他家族的传统，他准备前往弗吉尼亚军事学院。在去弗吉尼亚之前，他向一名亲戚袒露了他的恐惧，他也许胆怯了。他被告知“巴顿家的人没有胆小鬼”。当他把这一对话告诉他父亲的时候，父亲对他说：“虽然多年来养尊处优的生活也许让我们不愿意参与一场赤手空拳的搏斗，但是同样的血统让我们心甘情愿地带着笑容面对武装斗争所带来的死亡。”

1903 年 9 月，小乔治·史密斯·巴顿离开了加利福尼亚的葡萄园湖，坐着火车横穿大陆来到了弗吉尼亚的莱克星顿，加入了弗吉尼亚军事学院。他由父母、妹妹和她非常敬爱的南妮姨妈（即安妮）陪同，姨妈在这一年的大多数时候都陪在他身边。但是乔吉能否被西点军校录取的问题仍然没有解决。当父亲在弗吉尼亚军事学院向他告别时，他之后回忆道：“我感到从未有过的卑微。”

当乔吉被一个在学校任职多年的裁缝认出是巴顿家族的人并被告知他的制服尺寸与他的父亲和祖父的一模一样时，他感到很高兴。巴顿在弗吉尼亚军事学院的文化成绩比高中时有了明显的进步。“到 1904 年的 2 月，班上大约九十人中，巴顿绘画第六，数学第九，拉丁语第十，历史和英语都排在第二十八。他的品行非常好：没有过失，成绩单上手写的‘优秀’实至名归。”

巴顿到弗吉尼亚军事学院之后就立志做一个有为青年。他的父亲已经为他做了非常好的准备，并且给出了简单却实用的建议——做一名好战士，成为一位好学生，在夜间巡逻之前，擦干净你的枪，直到黄铜枪杆一尘不染。如果有时间，他就会去学习。他听从了父亲的话，“结果我从未巡逻过，在一队的驻扎守卫中，我总是被选作勤务兵。”

然而巴顿仍迫切希望进入西点军校：“我必须要得到那个提名。”但议员巴德并不配合。不过或许是迫于来自巴顿父亲和他在南加利福尼亚有影响力的商人、律师、法官朋友的压力，巴德转而任命推荐人给予他非正式的选拔考试，同时发电报给弗吉尼亚军事学院的负责人看巴顿是否可以在洛杉矶参加西点军校的考试。负责人同意了，乔吉在 1904 年初便回到了加利福尼亚。

至此为止，这个年轻人生命中最重要的日子到了。2 月 15 日，小乔治·史密斯·巴顿的命运将会由他所参加竞选考试的成绩决定。次日他便东去，经过 6 天回到了弗吉尼亚军事学院。两周半后，3 月 4 日，巴顿先生收到了来自参议员巴德的电报，上面写着：“我今日已经向西点军校提名你的儿子了。”准备和学习有相当大的成效——乔吉在竞选考试中获得了第一名。

老巴顿写了一封祝贺信给他的儿子：

这是一场漫长而令人厌倦的探求，但我确信你的成功足以弥补。这是你踏出的重要的一步，如此一来，你未来的人生就确定了，而我确信你带着对这一切的感激已经这么做了……那是一个男人在这个世界上最想做的，如果他确实仔细地思考过，那通常便是他最适合做的事情。

在第二封信中，巴顿父亲写道："你不知道我们感到怎样的光荣……你应期待一份光荣的职业——作为自己国家的士兵……你的身上流着优秀士兵的血——你面前的机会是用来激发你最大努力的。成为一个可敬、勇敢、正直的人，你将收获你应得的奖励。"

在提名巴顿后不久，参议员巴德在连任选举中失败。他死于1915年，历史上几乎没有详述。也许他最为重要的举动就是向西点军校提名了那个来自加利福尼亚圣盖博的年轻人——小乔治·史密斯·巴顿。

当巴顿因为将西点军校与弗吉尼亚军事学院进行不适当的比较而受到同伴关注时，他已经在西点军校将近一个月了。他的传记作者卡罗·德斯特把这一事件看作能表明巴顿终生偏好的一个早期例子，就是在公共场合说不合时宜的话。"我近来已经挨了很多骂了，因为一不留神我就说出在弗吉尼亚军事学院立正要比这儿更难。自从说了那句令人讨厌的话之后，所有的学员都像在向我证明我的错误，并且他们成功了……" 然而，他仍旧坚定地开始实现他的人生目标，如他在写给父亲的信中说的那样："当然我可能是个不切实际的人，但我有一个坚定的信念，就是尽管我现在没有，但无论如何我将尽我所能实现我所认为的——也许是错误的——我的命运。"

然而在西点军校，他的野心和强烈的目的感有时会被失望和自我怀疑所淹没，他时常向父亲倾诉，正如他在这封日期为1904

年 9 月 4 日的信中所写：

我不知道你是否知道，我曾经一直以为自己是一个军事天才，或者至少我将是一位伟大的将军。审视目前的状况，我看不到这个信念能站得住脚的地方。比起其他人，我并不比他们反应更快或更聪明，也没有像拿破仑那样被同学视为领袖……我有理想却没有勇气去实现它们。

在 1904 年 10 月 5 日的一封致父亲的信中，他写道："我做得极差……我完全是个窝囊废。我知道我应该学习但我没有。我明知今天我缺乏准备但是明天依旧。"

在 1904 年 11 月的另一封致父亲的信中，他写道："事实上真正的我是一个没有个性、懒惰、愚笨、徒有野心、不切实际的人，我只会退化为一个三等少尉，然后仅仅指挥一个排。"

这个表达着自己最深恐惧的年轻人，无疑是在寻找安慰与力量，而不仅仅是恭维。在回复儿子每一封写着失败与自我怀疑的信中，巴顿父亲都耐心地鼓励他的儿子，让他继续努力做到最好。在小巴顿告诉他田径赛中被第 7 个跨栏绊倒而导致得了最后一名的消息后，父亲在 1905 年 6 月 10 日回了一封信：

我亲爱的儿子：你的第三封信今天来了，我不能告诉你我对你在跨栏比赛的失败有多同情——因为我知道你为成功下了多大的决心。有抱负并且在你所参加的每场比赛中尽可能地去获胜是一件好事，但是你必须学会在遇到失败时不要怨恨——并且安慰自己已经付出相当的努力了，也已经做到最好了……真正的胜利者是勇于奋斗的人且他值得胜利……所以在所有人生的战役中，你能在彻底失败的人中找到真正的英雄。授予成功之人的荣誉，很多时候是意外和运气的奖励。

我亲爱的儿子，你不知道我多么地想你并且希望我能和你在一起，当失望来临时帮你承担，但是我不能。即使我能，我也不会这么做。你必须开始独自战斗，像个男人和绅士般来面对胜利和失败……

我一点儿也不为你感到担忧——我知道你正努力做到最好——那便是你所能做的一切。一旦你做了，对我来说你已经赢了。

乔治在西点军校艰难的第一年以一个大退步而结束。他的数学不及格，需要重修。在葡萄园湖和卡特琳纳度过一个夏天后，他准备重新出发去西点军校。离开之前，他买了一本笔记本，这样他就能记录一些事情并且简单地写下自己的想法。他的第一句话就是："尽你所能去做好。"

在巴顿的日记中还有其他一些句子：

· 通过坚持不懈和学习还有永恒的渴望，任何人都可以成为伟人。

· 如果你并未像个军人一样死去，有机会我会请求上帝谴责你，乔治·巴顿（注：指他自己）。

· 永远永远永远不要停止野心勃勃……你仅有一次生命，将它活得充满荣耀且要心甘情愿地付出。

· 为了胜利，事无巨细都要做。

· 如果你侵犯你的荣誉，你已经出卖了你的灵魂。

· 我们数着功绩而不是年岁过日子。

· 你能成为你将成为的人。

· 你已经尽你所能，但是失败了，如今你必须尽你所能去赢。

巴顿在西点军校的日子有些孤独。他的传记作者马丁·布拉曼生写道：

他的同班同学对乔治·巴顿持一种矛盾的态度。他们普遍认同他，喜欢且欣赏他的真诚、直率和公正。他们对他朴实的真诚与热情报以谦虚一笑。他们认为他太努力了，精力太旺盛了，而他对未来荣誉的过分关心让他们不舒服，他总是不能忍住时不时讲起。

他没有亲密的朋友。

巴顿在西点军校的小名叫“乔吉”和“刺毛”——西点军校的行话里,“刺毛”就是打某人的小报告。巴顿被认为是一个“像刺毛一样的人”，他要求完美并且会毫不犹疑地打那些不能严格执行规定的人的报告。在班级的准假册上写着：巴顿“站得笔直，他的神态、体形和举止都是标准的军人作风”。他同样被认为是个“谄媚”的人，会取悦他的长官，并不完全是恭维。西点军校的纪念册，《1909 榴炮弹》中写着：“我们相信乔治的心，即便有铜墙铁壁的外在，深处却有个柔软的触点……”

在第4年中，巴顿又一次为了一个重大的决定而向父亲寻求帮助，他对这个决定没有把握，感到深深的忧虑，心神不宁，目标动摇。他在之后写道："在我毕业前的那个冬天，父亲在西点军校，我曾与他在图书馆长谈。我说我和比阿特丽斯相爱，但是我害怕向她求婚。父亲鼓励我这么做，我做了，并且她接受了。"巴顿的父亲因此帮他儿子确定了未来两件最重要的事：进入西点军校，从那儿开始了他成就之路；与一个女人订立婚约，这个女人在许多方面上是巴顿人生中新的支持者，支持着他对抗事业中的挫折。

在1926年的春天，巴顿的父母和妹妹尼塔来到了夏威夷，当时巴顿在那儿驻扎，他的儿子乔治·史密斯·巴顿（乔治·史密斯四世）——继承了家族的名字——刚刚诞生，备受宠爱。一家人其乐融融，度过了一段快乐的时光。聚会上唯一的伤心事是家族大家长老巴顿的健康每况愈下，老巴顿表示他希望家族所有人都回到加利福尼亚"再一起过一次圣诞"。巴顿一家如约而至回到葡萄园湖的家中过圣诞。弥留的父亲相信巴顿，历史会留一个特殊的位置给儿子，他从军是必然的事，让他准备好履行某些特殊的任务。父亲信心满满地预言乔治将会参加历史上最伟大的一场战争。巴顿不需要确认。他一直都认为自己会如此。

两个月后，父亲的情况更糟了，1927年2月准备进行一场救命的手术。刚到夏威夷的巴顿，及时赶回了加利福尼亚，当父亲就要被推进手术室时，他亲吻了父亲。看着显然带着巨大痛苦的年迈的父亲，儿子怀疑他能否从手术的创伤中活下来。他被父亲的勇气所打动——当他觉得父亲面临死亡时，父亲想的却是如何鼓励儿子。父亲活了下来，而在他恢复时他的儿子在他身边陪伴了三周，然后才回夏威夷任职。离开前的那个晚上，他亲吻了父亲，因为这可能是最后一次，然后说了再见。父亲虚弱地笑着，对他儿子说了最后几句话：“再见，伙计。保重。”

1927 年 6 月，巴顿带着父亲死讯的可怕电报到达了夏威夷。死亡的原因是潜藏的结核病，可能是被他的叔叔，威廉·格拉赛尔传染的。他是一个联盟军海军军官，在南北战争的战俘营中得了结核病，加上常年的酗酒，造成了肝硬化，最终导致了他的死亡。

由于当时没有从夏威夷去加利福尼亚的船，巴顿错过了父亲的葬礼。他极其伤心，责备自己没有在父亲去世时在他身边，“没有在父亲需要他时在那儿，责备自己离家的日子太多了，还责备自己对父亲所做的任何一件小事。”比阿特丽斯，他的妻子，也为失去了一个知己而陷入混乱。她认为巴顿父亲不仅仅是公公，而且是第二个父亲。她安慰她失望的丈夫，说他一直都是一个孝顺的儿子，但并未奏效。

巴顿让自己的三个孩子记住一首诗《死后在阿拉伯》，作者是埃德温·阿诺德爵士，诗中已故之人斥责他的朋友因为他的去世而哀痛，指出他的灵魂还活着，仅仅是丢弃了凡人的躯体。

忠实的朋友！它躺着，我知道，
苍白冰冷如雪；
然后你说，“阿不都拉哈汗死了！”
对着躯体哭泣。
我能看见你滚落的泪，

我能听见你的叹息和祈祷；
然而我微笑且轻声告诉你：
“你亲吻的东西不是我；
停下你的眼泪，让它躺着吧；
它是我的，却不是我。”
亲爱的朋友！女人们为最后的休憩之所——
墓地准备什么，
是我正离开的帷幕吗？
是不再合身的衣服吗？
如夜鹰般，我的灵魂已经经过。
喜爱同室而居的人，却不是这房间；
喜欢穿戴者，却不是其服饰；
喜欢猎鹰飞翔时展开的双翼，而不是让它远离绚烂星辰的笼栏。

巴顿的女儿，露丝·艾伦，之后写道：这首诗“已经将我们所有的事情都看穿，在之后痛苦的日子里，所有的事情都曾发生在我们身上”。

传记记者卡罗·德斯特写道：他父亲的死“是巴顿的人生中最痛苦的事情。他失去了曾经的挚友，也失去了一个他敬爱的能为儿子牺牲如此多的人”。巴顿将他的情感倾注于一本令人感动的有关父亲的回忆录中。在回忆录中，他表现出了对这个从幼时就开始培养他雄心的男人的深厚感情。

到达的那个早上，我穿着制服独自去他的墓地。整块地都铺满了枯萎的花朵，这就省去了他所躺之处的红玫瑰棺幕。对我来说它们都是鲜活的，因为它们之下躺着的灵魂赋予了它们生气。

我在那儿站了一小时，然后有了这样的念头，坟墓里不是父亲而是他挂在柜子里的一套丢弃的套装。突然我似乎看见了他在路上穿着他的格纹外套，朝我挥着他的拐杖，一如从前我没有耐心去别处去时，他对我做的那样。

我跪着亲吻了土地，然后戴上帽子，不是向父亲，而是向我曾爱着的那具美丽的躯体最后休憩的地方敬礼。他的灵魂与我同在，只是我世俗的肉眼不能看见他并与他交谈。

几天后，巴顿第二次看见了去世的父亲。当时，巴顿正坐在父亲的桌边，注视着他的保险箱，手里拿着曾经在葛底斯堡杀死他叔祖父沃勒·泰兹韦尔·巴顿的米尼弹头，炮弹碎片也曾在温彻斯特杀死了他的祖父。当巴顿抬头看见站在门边的父亲时，眼泪从他脸上滑落。父亲正皱着眉摇着头。对于巴顿，这个信息就是一切安好，他的父亲正在劝告他不要为其悲伤。巴顿在精神上领会了这个信息，他的父亲会心一笑，然后转身走向楼梯。当父亲消失后，巴顿才想起他已经死了，而且已经下葬五天了。

我在他的办公室里写下这些，他在这儿时，我们常在一起谈话抽烟。我想要铭记的不是象征勇敢精神的他，不是我曾在教堂墓地向之致敬的那种，而是手术后被推出来时即将去世的父亲，想起他的话如此契合我们现在暂时的分别，他笑着对我说“再见，儿子”。

噢！亲爱的父亲。我一生中从未如此叫过您，因为我们两个都太过含蓄了，但是您一直都是我心爱的人。我过去常常觉得生活对我来说太过轻松，但是失去了您，我才发现自己有多难过。

上帝保佑，让您明白且理解我这值得悲悯的企图，以展示您美妙的人生。我从未为您做过很多，但是您为我做了一切。请接受它，作为我本该给予您的微不足道的礼物。

您忠诚的儿子

——G.S. 巴顿

1927 年 7 月 9 日

第四章 最亲爱的比伊[1]

“愿我们的爱永远不比现在少，并且我们的追求像我们的爱一样幸运和伟大。阿门。”

——巴顿致未婚妻比阿特丽斯·艾耶尔的信

写于婚礼前

1892 年，比阿特丽斯·艾耶尔拒绝了同他未来的丈夫乔治·巴顿的第一次见面。当时她 6 岁，一家人从家乡波士顿来到洛杉矶南边 20 英里处的加利福尼亚威明顿拜访富裕的亲戚班宁一家。艾耶尔一家计划了一个一天的旅行，要到洛杉矶看看其他亲戚。比阿特丽斯拒绝参加这次短途旅行，坐马车让她觉得稍稍不适，而且她还有一本新书想要读，于是她就待在了班宁的宅邸。家人回来时，向她说起了他们与兄弟姐妹们以及汉考克·班宁年轻的新婚妻子——以前应该叫史密斯小姐——一起度过的愉快旅程。新娘的父亲上校史密斯同他继子巴顿（指乔治·史密斯二世）一家也在那儿。其中有个可爱的小男孩，他们告诉比伊，他的名字叫作“乔吉”。他只比比阿特丽斯大几个月，有着大而漂亮的蓝眼睛，还有可爱的金色卷发。他是个多么好的小男孩啊，比伊的母亲温

[1] 本章主要讲述了巴顿将军妻子比阿特丽斯·艾耶尔·巴顿的故事。

柔地责备道：他从来不会因为要读书而让他的父母和哥哥独自离开。因为受到了母亲的轻责，比阿特丽斯觉得乔吉·巴顿一定是个稍稍自大的人。她回嘴说她希望永远不要见到他，就算见到了，她也绝不会跟他玩。

下一次的相聚是 10 年后，且是同样的不凑巧。1902 年艾耶尔一家回到加利福尼亚，在车站与名副其实的接待委员会的亲戚一行人碰头。16 岁的乔治·巴顿就在其中，他正准备秋天入学弗吉尼亚军事学院。艾耶尔夫妇希望他能向他的朋友介绍比伊，让她很快融入他的社交圈，充分享受这个夏天。女孩编着辫子的褐色头发已经长及裙边，虽然她已经被三次提亲，但她的臂弯下仍旧抱着她心爱的娃娃玛格丽特。当看到比阿特丽斯时，乔治畏缩了，他所看见的让他有些反感。在当时的洛杉矶，时髦的年轻女士都把头发梳起来，她们当然也不玩娃娃。他不愿意陪着这孩子遭受朋友的嘲笑。

巴顿对年轻的比阿特丽斯的态度随着那个夏天的度过发生了戏剧性的转变。家里的孩子出演了一台浪漫的奇幻剧《温蒂尼》，这是德国小说家弗里德里希·德拉莫特·富凯的作品。故事类似于《小美人鱼》，是 19 世纪最流行的童话故事之一。比阿特丽斯饰演主角水精灵温蒂尼，乔治饰演配角库尔伯恩。他们的女儿露丝在她的回忆录《纽扣盒子》中写道："随着排练、出演和夏天的结束，母亲和乔吉相爱了——此后他们共度了余生。"

比阿特丽斯·艾耶尔演得相当自然，她的母亲艾伦·班宁（"艾丽"），曾是个业余演员。艾丽对戏剧的热情投入在她向比阿特丽斯解释她是如何遇到她丈夫的时候格外明显。艾丽接受了一个派对的邀请，在那儿她遇到了“一样好东西”——一个年长的男人，有钱的鳏夫，他的名字叫弗雷德里克·艾耶尔。派对当天，艾丽发现传奇的爱德文·布斯——那个时代最伟大的哈姆雷特，也是刺杀林肯的凶手约翰·威尔克斯·布斯的兄弟——那晚正在出演他那代表性的角色。艾丽递了一张道歉的纸条，解释她缺席派对的原因，然后去看演出。当她离开剧院时，“一位我所见过的最帅气的男士”向艾丽靠近。这个陌生人问她是否是艾伦·班宁小姐。社交礼节不允许女士在街上被陌生男子“接走”，所以艾丽承认了她是谁，并且很快准备离开。但是后来她对女儿坦白：“当注视着他那双动人的蓝色眼眸时，我觉得，如果他说‘艾伦·班宁，你愿意随我到世界的尽头吗’我当时会立刻跟他走。”

当然这位绅士就是弗雷德里克·艾耶尔。他走到她的身边，慢慢地解释道：“班宁小姐，当我了解到镇上有位年轻女士有着如此好的品位和判断力，她宁可去看一场活跃着的美国最伟大演员的演出，而不是参加一场晚会时，我觉得她应该受到款待，所以我坐着马车为你而来，作为一个护花使者带你去参加派对。”对于艾丽来说，弗雷德里克·艾耶尔就像一个穿着光辉盔甲的骑士，从那时起她就叫他弗雷德里克长官。

弗雷德里克·艾耶尔的一生（1822–1918）是美国梦的完美样本。他年轻时在商店工作，晚上睡在柜台底下。在 35 岁前他拥有了一家店。1855 年，他和他的哥哥詹姆斯·库克·艾耶尔医生一起，做起了专利药品生意。之后弗雷德里克转做纺织品生意，并且靠马萨诸塞州罗威尔和劳伦斯的工厂起家。

在南北战争期间，艾耶尔和一些商业伙伴拜访了华盛顿，并在白宫留宿约见总统，因为当时是惯例。艾耶尔发现亚伯拉罕·林肯“在办公室中努力地工作，不知疲倦，衬衫纽扣解开着，汗水浸湿了他衬衫的袖子”。他回忆道：“林肯站起身来迎接我们，看起来非常疲惫、烦恼且无趣，在介绍完自己和我的朋友之后，我说‘总统先生，我被要求向我们的总统致敬，但是我们之中没有人向您要求什么，甚至是乡村的邮局’。这时，他“醒”过来了，冲向我伸出双手握着我的双手，使劲地握着，说道：‘绅士们，我很高兴见到你们。你们是自我来这后所见到的人中唯一不想要些什么的人。’”

艾耶尔比艾丽年长30岁。他的第一任妻子科妮莉亚在他们第4个孩子出生后不久便去世了。弗雷德里克和艾丽共有3个孩子——比阿特丽斯、小弗雷德里克和马莉·凯瑟琳（被叫作“凯”）。他们的外孙女露丝·艾伦回想道：“巴顿一家不同于艾耶尔一家，他们关于艾丽有许多故事要说——我想他们是不知道怎样解释她。”一天晚上在大家庭用晚餐时，艾丽走了进来，显然是晚了，大家都已落座。她裹着花边披肩，漂亮的卷发中戴着一朵红玫瑰，在餐厅的门口站了很长一段时间，直到吸引了每个人的目光，然后她在她公公的右边坐了下来。当话题从艾丽转向政治时，她用精明的目光扫视桌子、玫瑰，然后走向了坐得离她最远的人，那人恰巧是安妮·班宁。所有的谈话都停止了。她用手托着安妮的下巴，不停按铃，然后戏剧性地问道：“安妮，你认为什么是生活？”这一瞬间给巴顿家族的人留下了难以磨灭的印象。某人居然以突然的询问“你认为什么是生活？”来打破紧张的家庭气氛。

1896年，弗雷德里克·艾耶尔的医生建议他退休。意志坚定的艾耶尔反对退休，因为他觉得才 73 岁，仍旧处于工作的黄金时期。他最终心软是因为他的妻子巧妙地提议去欧洲旅居好让孩子有机会学习法语。最终一家人在保姆和家庭教师陪同下，去了国外两年。

艾耶尔一家人在尼罗河上一所骡拉的居住船上度过了一个难忘的冬天。当比阿特丽斯同父异母的哥哥杰米，一名医生，将一名埃及工人脚上的棕榈刺除去后，船上住着一位医生的消息迅速传开了。那之后，每当居住船晚上停泊时，虚弱的人、跛足的人、盲人都会围成一团想要求医。虽然缺乏合适的医疗设备，杰米仍尽自己所能为他们治疗。

当充当着翻译的船夫的儿子把比阿特丽斯和她哥哥弗雷迪带到一个新挖掘的坟墓时，好奇心使然，她非常兴奋。比阿特丽斯跑向前并准备跳下去，“在棺材里她似乎发现了什么”。年轻的导游在她跳进一个眼镜蛇坑前抓住了她。她记得，蛇因为孩子们的出现而惊扰，从阴暗的古旧凹坑中爬出来，发出嘶嘶声并且伸展着头部。比阿特丽斯进了另一个坟墓，一个部分没有裹布的 4000 岁的老木乃伊躺在他的棺外。心血来潮的比阿特丽斯折断了木乃伊的一个脚趾，把它带了回去。她一直把这个纪念物放在果酱罐中保存。

年轻的比阿特丽斯同时开始喜欢上了掌舵船夫背后的文身。在船夫儿子的指引下，带着她同父异母哥哥给的 10 美元的生日礼物，她被带到了文身店，在那儿船夫文身的工艺让比阿特丽斯十分喜欢。受到她年轻的埃及朋友的唆使，这位未来名媛坚持要在胸前文一个帆船文身。所幸她的保姆发现及时，阻止了她在青春的肉体上刻下埃及探险时留下永恒的印记。

当艾耶尔回到美国时，他们离开了工业化的罗威尔，搬到了波士顿395联邦大街上，由路易斯·康佛特·蒂芙尼设计的后湾区中高档的联排别墅。家里都是蒂芙尼玻璃、镶花地板、大理石壁砖，还有丝绒和花边的窗帘，现代科技的陈列柜——浴室、电梯、电话，还有杂物电梯。但波士顿的“旧贵族”认为它浮华，他们更喜欢在他们的住所放满玉石和乔治国王时代的古董。

乔治·巴顿从弗吉尼亚军事学院转学到西点军校之后，他能有更多的时间在波士顿和艾耶尔一家相处。他在给母亲的一封信中表达了对比阿特丽斯已然十分严重的依恋。

艾耶尔一家十分友善，这无疑让我觉得压抑。我们骑马、游泳、航海、开车，然后去看望比伊。确定的是，我没有告诉她，她是我唯一爱过的女孩——即便我现在或其他任何时候告诉她这个事实，对我来说都是严重的错误。她对我很好并且我认为她喜欢我，因为她穿了我最喜欢的颜色的衣服，那是我告诉她的。天啊，那些在卡特琳娜穿裙子的两只脚的动物，冒充自己是女孩的人，根本比不上她的影子。但是，噢，上帝啊，我是多么蠢啊！

在其他方面都自信的巴顿却对未来妻子的爱感到不确定。正如他们的女儿露丝记录的，“乔吉从未想到过母亲爱他——他在一生中对这一点过分谦逊了——他在西点军校度过的失败的第一年让他更加自卑，但是我确定他的父母知道她爱他，正如她父母知道的那样。”在西点军校时，他在一本随身携带的笔记本中于

1909 年 2 月写道：“是否一个男人结婚了，他就必须如同他曾想争取她的爱那般小心翼翼地维持妻子的爱。就是说他应该总是痴情的，并且总是向她表达爱意，这样她才会一直喜欢他，最令她伤心的莫过于他说：‘现在我已经得到你了，我要休息了。’永远不要那样做。”

这对情侣的交往是在巴顿上西点军校的那几年，在足球比赛和星期六晚上的舞会上，野餐，还有不断来往的信件中度过的。他大多数的短假都是和艾耶尔一家度过的，比阿特丽斯偶尔会在夏天到加利福尼亚，和巴顿一家还有她的亲戚班宁一家在一起。当比阿特丽斯在阑尾切除手术后恢复时，她的兄弟姐妹，弗雷迪和凯，写了一首歌拿她和巴顿的恋爱来打趣。

乔吉，波吉，正如他们说，
每天都在献殷勤；
剑和手枪在他身边，
比阿特丽斯·艾耶尔是他的新娘。
医生，医生，请你说，
什么会让可怜的比阿特丽斯好起来？
她病了，她可能会死，
这会让可怜的乔治哭泣。
山谷下绿草丛生的地方，
坐着比阿特丽斯，甜的像朵玫瑰，
她歌唱着，歌唱着，她一整天都在唱，
为将经过那儿的乔吉而唱。

经过 6 年的恋爱，乔治·巴顿终于在 1909 年 12 月向比阿特丽斯·艾耶尔求婚了。他在波士顿和艾耶尔一家一起过他第 4 年的圣诞休假。巴顿十分害怕她会拒绝，以至于在口袋里藏了一张命令他回西点军校的假电报——如果她拒绝他的求婚，他就拿出电报然后匆忙撤退。这位紧张的学员将谈话尽可能地推后。在一个星期三的下午，当他发现在艾耶尔家中的图书馆里只有他俩时，他向比阿特丽斯表达了他的爱意，并且表示出他想同她结婚的愿望。比阿特丽斯回报了他的爱，但是巴顿坚持认为她并没有答应他的求婚，直到他从一场去往菲律宾的预计调度回来之后。他下定决心，如他在写给他母亲的信中叙述的那般："我被自己（正如我从前一样）束缚了。"

这段婚姻唯一的阻碍是由比阿特丽斯的父亲提起的。弗雷德里克·艾耶尔很喜欢巴顿，但是他反对这个年轻男人所选择的事业。一生都要住在边远地区灰尘满满、破旧的军人住宅里，这与这位充满关切之心的父亲在脑海中为宝贝女儿所设想的不同。为了回复巴顿要同他谈话的请求，艾耶尔写道：

我亲爱的乔治：

你 18 日的来信非常清晰也很全面。我欣赏你的野心。你的"人生计划"没有问题，如果你能在上帝的国度指挥一年，而不是在菲律宾。

对抗疟疾不是战争。毕竟，作为平民生活是你在一段时间后最终要退回来做的事，你将会疑惑，第一年你能得到的是否要比在指挥中能得到的更为值得。这个问题没有人能替你解答，你也能最好地判断出一年的指挥会给你多少机会，去探究并决定是否另谋职业。记住男人越早展开事业，对他来说取得成功越简单，时机也越好。

关于与比阿特丽斯谈话，人在一生中总会有感觉不得不交谈和顺从冲动的时候，而在仔细思考之后会更自然且一般来说也更明智。

希望你能理解以上的建议。

我是你真挚的

F. 艾耶尔

艾耶尔又写了一封信，详细地说明了他对巴顿军事生涯的反对：

关于你的职业，我认为它正在不断萎缩。军队中的男人必须大致向着一个方向发展，总是感觉不稳定，居无定所，某种程度上，受制于命令且可能是他所轻视或讨厌的人。

这并非我对你的学校有不好的印象，我认为它是最好的学校之一。

在我看来，如你这般的男人应该摆脱这种控制。做自己，行动自由，在一个开阔的世界中发展。

我把军人比作长在森林中的一棵树，与之相比，长在荒野中的树有充足的生长空间。如果你在任何时候选择平民生活，我敢保证你的本领和爱国精神将会有相同的优先机会被征用，就像你仍在服役期间一样。

他们继续互相写着信，艾耶尔欣赏他对军事训练的骄傲，一边也在试图引导巴顿从事商业。他的训练能在商业中得到很好的回报。艾耶尔对军旅生涯的明显反感同许多新英格兰人一样，巴顿弗吉尼亚先辈的军事传统与他们是格格不入的。

两个倔强的男人陷入了僵局。艾耶尔欣赏乔治对比阿特丽斯的爱——如果他真的爱她，他一定会做正确的事——退役，并且在波士顿找一份工作。巴顿巧妙且激动地回道——如果他不能娶比阿特丽斯，那么他不会娶任何人，但是他的军事热情从儿时起便已经存在，他不会改变他所选择的职业。比阿特丽斯同样表现倔强，她把自己锁在卧室里，然后绝食。（虽然她的妹妹凯会在楼梯井用绳子吊着篮子在深夜给她送食物，以表示支持她）不出意外，比阿特丽斯，业余女演员艾丽·班宁的女儿，进行了一场有效且戏剧化的表演。一周后弗雷德里克·艾耶尔顺从了这场不可避免的结合，并且给予了祝福。在他对巴顿让步的信中，艾耶尔认同了这个年轻男人的军事职业。此后，他写道，每个人都会尽其所能做到最好——艾耶尔会赚到钱，乔治会赢得荣誉。

关于她的婚戒，比阿特丽斯避免了俗套的钻石，接受了未婚夫 1909 年在西点军校毕业时小小的毕业戒指，戒指镶着黄宝石，他未来丈夫的诞生石。

在他们婚礼前 4 天，巴顿给比阿特丽斯写了最后一封信，表现出了他的文采、浪漫和雄心。

亲爱的比阿特丽斯：

这应该是我作为你的恋人写给你的最后一封信，因为今后我不仅是你的恋人还是你的丈夫。亲爱的，自我给你写第一封信起，已经将近8年了，我更成熟且更明智了，因此能更好地理解且更明白你无限的完美。所以在某种程度上我应该要比那时更爱你……因为我曾用尽全力去爱你。上帝保佑，如果我爱的能力再没有其他办法进展，你要来提高，因为我仅能以此神圣之爱感谢你现在对我做的、已经做的和即将做的事。

我几乎不能相信从此之后我们将要成为一体……

我曾祈祷你要爱我、嫁给我，但是不要以你的幸福为代价，所以现在我的祈祷实现了，你肯定将会得到幸福。上帝保佑！愿我们的爱永远不比现在少，并且我们的追求像我们的爱一样幸运和伟大。阿门。

乔治

这对夫妻的婚礼于1910年5月26日举行，是这一年马萨诸塞州北岸上流社会中的大事件。比阿特丽斯穿的是1884年为她母亲定做的婚纱。礼服用橘色花朵装饰，花朵是用船从葡萄园湖巴顿家的庄园中运送而来的。除了弗雷德·艾耶尔，新郎和接待们都穿着他们正式的蓝色礼服。

比阿特丽斯和乔治去欧洲度蜜月前，在波士顿的酒店度过了新婚之夜。婚礼后的早上，他们安排了客房服务，但是当敲门声响起时，先于他们的早餐到来的是艾丽，她拿着一个透明花瓶，里面插着一朵白色玫瑰。她的身后跟着许多家庭成员，他们都被叫醒早起，坐了长时间的火车来到波士顿，在“孩子们”醒来时到达这里。比阿特丽斯觉得这个举动与其说很感人，不如说更独特和令人害羞，乔治·巴顿则几乎尴尬死。

到英国度蜜月是巴顿第一次国外旅行。这对新婚夫妇在6月3日到达普利茅斯，在康沃尔游历数日。巴顿买了一本克劳塞维茨的经典作品《战争论》，它成为他巨大的军事图书馆中的第一本书。

结婚后第4个月，比阿特丽斯说她怀孕了。对于新晋的巴顿太太来说，为她的丈夫孕育孩子是一个女人生命的高潮。她在一个庞大而紧密联系着的家庭中长大，她期望新生的孩子能享受自然的乐趣。乔治一想到要和他人共享比阿特丽斯的关心就感到一阵嫉妒。他被当作宝贝一样抚养长大，是宠爱的焦点，现在他的地位受到了威胁，所以他对即将到来的孩子颇有微词。

比阿特丽斯为是否能使巴顿这个骄傲的名字不朽感到压力，她靠近他的丈夫巧妙地问道："如果这是个女孩，你会非常介意吗？"巴顿用她妻子看来最为完美的答案回答道："亲爱的，你觉得如何？我已经娶了一个了，不是吗？"

1911年3月19日，傍晚时分，当军乐队正在演奏"星条旗永不落"的最后节段时，比阿特丽斯·艾耶尔·巴顿诞生于92A区。巴顿的妻子想要与丈夫分享这一美妙时刻，并坚持他应该在场，结果却是一场艰难的分娩。小小的卧室里挤着母亲、医生、艾耶尔夫妇从波士顿带来的护士，还有乔治。乔治见过许多动物的出生、成长，但发现他妻子分娩时遭受痛苦的场景如此的可怕之后，他感到难以抑制的恶心。当孩子被抱到他面前时，他冲出了房间，冲进了厨房，在水池边吐了起来。

一段时间之后，比阿特丽斯仍在调整以适应一名军人妻子的生活以及作为母亲的新责任，她在中午接到了一通意料之外的电话，来自基地指挥官的妻子杰勒德夫人。在礼貌地问过巴顿和艾耶尔家人，以及刚诞生的小宝贝之后，她相当不安地向比阿特丽斯提起，是否孩子对他们的婚姻幸福造成了影响，她和巴顿先生在“卧室中”相处得愉快吗。比阿特丽斯当然感到了尴尬和生气，于是同样尴尬的杰勒德夫人坦言道:“我知道你一定以为我是个多管闲事的老妇人，巴顿夫人，但是当杰勒德上校今天中午回家吃午餐时，他提起了当时正在指导新兵射击的巴顿先生在靶子之间的靶垛上站了一上午，他想知道是否有什么事情导致巴顿出现如此不说一句话而想要自杀的表现，也许是因为家中的某些误会。如你所知，上午射击的新兵们可都是生手。”

比阿特丽斯立刻想办法让杰勒德夫人对他们夫妻的婚姻幸福放心，但是当乔治晚上回到家时，他发现愤怒的妻子已经收拾好了行李，准备带着她的女佣和孩子去芝加哥，然后坐火车到波士顿去。这令他无比震惊。巴顿试着解释他只是想要体验乔治·华盛顿在写给“他最亲爱的帕蒂斯”的信中所说的，子弹从他耳际呼啸而过，然而“确实，其中有着愉快的声音”是什么意思。巴顿永远都在测试他的勇气，并且他坦言道他还想知道当他在被射击时，他是否会害怕。妻子最终被他说服，没有离开，但是她仍旧对她丈夫的鲁莽耿耿于怀。

在他职业生涯的早期，巴顿被派往法国索米尔的军校学习。比阿特丽斯痴迷于回到法国，说法语，游览观光，享受食物和文化。已是一名老练击剑手的巴顿，在漫步于古旧战场时受到索米亚学院一位著名剑客的指导。

当他们准备回到美国时，比阿特丽斯被留下来收拾他们的行李，而乔治则去学习击剑。在他们离开的前一天，巴顿不经意对精疲力尽的妻子说道："我希望你记得打包床底下的那些剑。"走进卧室之后，比阿特丽斯发现了许多剑和剑鞘，她完全不知道这些。令她沮丧的是她的丈夫非但没有感激她的努力，而且没有告诉她他曾收集了这些剑，她愤怒地抓起其中一把，然后开始满屋子追他。狂乱的巴顿匆匆越过桌椅，对怒火冲天的妻子恳求道："不要！不要！请不要！"比阿特丽斯最终将剑摔在了桌子上，放过了她的丈夫，但是因为太用力，剑嵌进了桌子的边缘。然后，一个崭新的顺从的丈夫主动帮着妻子打包他的收藏。

巴顿夫妇的第二个孩子于 1915 年的 2 月 28 日在葡萄园湖中乔治父母家的大庄园里降生，临近现在的圣盖博，在洛杉矶市中心的东部。他们给她取名露丝・艾伦，和她的祖母同名。巴顿自己远在堪萨斯州的莱利堡，但是他在孩子出生前写给父亲的信中说："告诉医生如果需要在她的性命和孩子的性命之间选择的话，必须放弃孩子。"如果医生不同意，他写道，他们必须另找一名医生。

又一名女孩的到来让巴顿一家产生了明显的失望。那个晚上，当比阿特丽斯靠着枕头接受祝贺的电报和鲜花时，她的婆婆，她称之为露丝阿姨，进来探望她。她意识到她又一次让公婆失望了，因为她又生了一个女孩，比阿特丽斯说："好吧，露丝阿姨，下次好运！"年迈的巴顿夫人带着一脸惊恐转向她，并说："亲爱的比阿特丽斯，请不要对你的乔治叔叔提起'下次'。他今天过得非常艰难！"

弗雷德里克・艾耶尔在 1918 年 3 月死于肺炎，享年 95 岁。艾丽在 3 个星期后去世。这对比阿特丽斯来说是双重的悲剧。她知道高龄的父亲总和死亡形影不离，但是她不知道母亲的身体状况也如此之差。医生告诉比阿特丽斯她的母亲是因为过度伤心而去世的。

岳父去世的时候，巴顿正在法国训练第一次世界大战期间的坦克军团。如果战争没有在欧洲爆发，巴顿夫妇几乎肯定会在菲律宾被安置下来。因为妻子不允许加入丈夫在欧洲的战争，所以比阿特丽斯得以在父亲去世时陪在父亲身边。在一封极富同情的信中，巴顿向妻子写道：

这无疑是万能的上帝直接的介入，这场战争让你必须且有机会陪伴他，因为如果它没有发生，你将会在菲律宾，在对他而言无比宝贵的时间里缺席。

小比阿特丽斯和露丝·艾伦有这样的外祖父应该是幸福的。安慰你的话肯定是徒劳的。特别是文字，完全不足以抚慰如此大的损失……我知道亲爱的你正遭受着人类心灵能遭受的所有痛苦……亲爱的，我的整颗心都跟随着你……我可怜的爱人，请千万宽慰自己。愿上帝帮助你并使你坚强。

在艾丽去世后第二封给比阿特丽斯的信中，巴顿写道：

这样说或许有些无情，但是我想比起没有你父亲而继续活着，艾丽这样可能更开心。他们几乎尽可能地成为一体——正如我们几乎成为一体一样。我想如果你去世了，我也不想继续活着。因为如果你不在身边来称赞我所做的一切，余生还有什么意义呢。

比阿特丽斯有音乐的天赋。中年时，她将她所写的曲子收入一本小书，这本书仅向家人和亲密的朋友公开。其中有一首歌，名字是“缺席”，是献给她母亲的。

我觉得我并没有完全失去她，我亲爱的人，
因为当她离开时，她将笑声留在了这儿。
灵魂存在于这个房间，每夜每夜，
当我独自坐着时，它讲述着她的喜悦。
她人生中的乐趣，她的一辈子如此疯狂。
她从未停止过孩子气，以她疯狂的方式，
一个孩子，然而同时也是一个女人，会大笑，会哭泣——
她的心灵纯净，她的友谊真挚，她的热情醇厚；
她温柔的笑声，温柔而低语，飘荡在空气中。
别人不能听见它，但是我知道它就在那儿

自20世纪20年代起，巴顿就驻扎在梅尔堡，从华盛顿穿过波多马克4次。在首都，比阿特丽斯对丈夫的袒护表现得非常激烈。一天晚上，在一个晚会大厅里，巴顿去停车，她发现自己的身边是一位年长的军官。巴顿出现时戴着战时晋升为上校的军章，这个军官轻蔑地说：“看看这些小男孩，他们最近才晋升为上校；看看这个毛头小子，乳臭未干，就戴着上校的鹰徽。”比阿特丽斯记得的下一件事就是她跨上老军官的肩膀，抓着他的头来回撞击黑白相间的大理石瓷砖，直到她目瞪口呆的丈夫和几位晚会客人把她从这个说错话的老男人身边拉开。

1922年，暴雪降落，华盛顿的积雪有28英寸厚。尼克伯克电影院的平顶在重负之下坍塌了，98人致死，另有100人受伤。从梅尔堡来的军队，包括巴顿，都被派去现场。晚上回到家，他精疲力尽，脏兮兮的，心灵受到了创伤。他向妻子和孩子叙述他所看见的可怕的事。“他告诉我们他和一个士兵试着从坍塌的墙体中解救一位女士，当他们拖着她的腿将她的身体拉出来时，她的头掉了下来。”当他的妻子反对说小姑娘还太年轻不能听如此令人毛骨悚然的故事时，乔治反驳道：“比伊，该死的，她们必须要知道这样的事确实会发生。她们不能戴着眼罩生活。”

巴顿担心变老。他担心头发掉落，但是反对用他岳父的生发水。他担心人到中年会变得大腹便便，所以几年来不断试穿他的学员制服，检查自己是否还能穿得进去。在他50岁生日那天，他顽固地拒绝从床上起来，他感觉他错过了被载入史册的机会。其他攻无不克的英雄在50岁之前都能实现宿命。他的女儿露丝·艾伦写道，“凯撒在他三四十岁时就已经征服了高卢；亚历山大在他三十几岁时就已经征服了全世界；拿破仑50岁时完成了征服大业。母亲劝告他，他在不知不觉中已经度过了50岁，最终让他下了床。”

然而，比阿特丽斯也在不知不觉间优雅地老去。“我只记得一次，”露丝·艾伦写道，“在她将近50岁时，我发现她在梳妆台的镜子面前号啕大哭。当我问她发生了什么事时，她哀叹道：‘噢，没有人看到现在的我会知道我曾经是多么漂亮的女孩！’母亲自然地老去。她从不用化妆品，她拒绝将头发染色，因为她对那些她所知的‘老来俏’的女人有着若隐若现的极度轻蔑。但是要了解她就要爱她，她曾经必定是个‘变化多样’的人。”

比阿特丽斯给她的丈夫买了一本书——《男人生活的改变》，希望帮助他适应中年。这份礼物惹恼了他，他立刻在屋后的小路上把它烧了。在没有战争时，巴顿担心命运已经溜走，成了一个更难相处的人。和平让乔治·巴顿很不愉快，但即使他喝再多的酒时，也几乎从未责备过他的妻子，向他提及此事。这个干涉意外地激怒了巴顿，有时在妻子看着他时，他会多喝一杯，就好像是为了表示对抗。他找年轻人陪伴，且乐意接受其他女人的阿谀奉承。

其中一个叫琴·戈登的女人，成功地吸引了乔治·巴顿的关注。琴是个“非常吸引人的女孩”。她是巴顿女儿露丝·艾伦的好姐妹，也是最好的朋友。她在巴顿一家驻扎在夏威夷时来拜访过，正好在“二战”爆发以前巴顿看起来最为心烦意乱之时，因为他的人生目标正回避着他。当琴离开夏威夷时，比阿特丽斯对露丝·艾伦说：“你知道，对我们来说，幸运的是我现在没有了母亲，因为如果我有的话，我现在就会收拾行李，回到她身边，但你的父亲需要我。他不会立刻知道，但是他需要我。事实上，现在他需要我多过我需要他。”她眺望了远方一阵，然后眼中含着泪继续说道：“也许这一切都有个理由。我希望你记住：即便是最好最诚实的男人都可能被迷惑，并且欺骗他们自己。所以，如果你的丈夫也对你如此，你要记住我没有离开你的父亲。我无法摆脱他，因为我就是他所拥有的全部，并且我爱他，他也爱我。”

比阿特丽斯曾经向她女儿说过她的婚姻哲学：“婚姻就是一棵树。有时它处于萌芽期，有时它处于盛开期；有时枝繁叶茂，有时硕果累累；然而有时树叶会全部落光，并且看起来死气沉沉，但是如果你继续栽培根基，它会重新活过来。”

比阿特丽斯自愿在军事基地的主日学校任教，她特意接纳了一群难驾驭的老男孩——这些孩子令随军牧师头痛不已。比阿特丽斯成功地降伏了他们，牧师向她请教。比阿特丽斯带着些许尴尬解释道，她告诉男孩们如果他们规规矩矩来上课，并且连续四周都参加主日学校，他们将会被邀请到巴顿家里接受特殊的款待——让他们把手指扣进乔治·巴顿在1916年讨伐墨西哥时杀死胡里奥·卡德纳斯和中尉潘乔·维拉的左轮手枪扳机里。

当比阿特丽斯和她的弟弟弗雷德慢慢长大时，他们的母亲，一位严格的新教徒，允许他们参加波士顿各种各样的礼拜，直到他们找到一种自己喜欢的礼拜形式。孩子们最终选定了公理教会。尽管她的丈夫是个衷心的，交什一税的圣公会教徒。比阿特丽斯给予了自己的孩子同样的自由来选择他们的宗教，她鼓励女儿每次都来参加基地主日学校。露丝·艾伦解释道，最终女孩们选定浸信会主日学校有两个理由："第一，因为它提供可可和饼干；第二，浸信会的赞歌太棒了。"

然而，当露丝·艾伦宣布她决定嫁给吉姆·托腾的时候，比阿特丽斯的宗教容忍度受到了严峻的挑战。巴顿惊呼道："该死的，你不能嫁给他！他太矮了；他是个战地炮兵，并且他是个天主教徒！"沉浸在戏剧表演的喜爱中的巴顿几乎立刻否决了这段婚姻，尽管如此，仍然给予露丝·艾伦他的祝福。他妻子的反对的声音则更大。

比阿特丽斯的外孙之后解释道，在谈及她女儿的婚姻时，她又回到了她那北方清教徒反对天主教的偏见背景上。她决定说服托腾中尉变成一个清教徒。巴顿震惊了：信仰，每个人的信仰，对他来说是不能随意更换的。他威胁比阿特丽斯，如果她坚持要改变托腾的话，他就离开她。她仍旧坚持，但托腾拒绝了（“你怎么看背叛者？”他问她）。巴顿则表现出一种支持露丝·艾伦的姿态，那个晚上大部分时间他都待在了剧场，将一部电影看了三遍。

为寻找另一个盟友，露丝·艾伦到加利福尼亚见她的尼塔姑姑。当尼塔坚持让露丝·艾伦在任何情况下都不要嫁给一个天主教徒时，她不知所措，感觉被打败了。她叹息道：“我想我将永远不会结婚。我会待在家照顾母亲。”这些话和她所预期的未来激起了尼塔的同情的爆发，因为她自己的爱情在很久以前夭折了。她从椅子上站起来，面有愠色。“什么？”她叫道，“然后像我一样？家族的祭坛上一个牺牲品就够了。回家和你的男朋友结婚。我会参加你的婚礼，如果没有别人参加的话！”

露丝的婚礼于 1940 年 7 月 6 日举行，与她父母结婚的那一个教堂里。比阿特丽斯比尼塔晚一些到场。在婚礼之前的几天，比阿特丽斯写给露丝·艾伦一些母亲的建议。其中一个建议反映出了母女两人对巴顿的了解：“想要改造一个男人就是将自己置于上帝之上。要活得精彩，或许一个失意的探寻者会从你的行为中明白他通向自由的关键。”

二战期间，比阿特丽斯住在马萨诸塞州的格林梅多斯农场。她开始执着于节约汽油，因为她觉得节约下来的每一滴汽油都会直接用于丈夫的坦克。结果，她几乎不开汽车了，但她又希望每周去教堂做礼拜，所以在天气好的时候，她坐着驴车行驶 4 公里到附近的汉密尔顿。当在途中遇到斜坡时，有时候穿着礼拜服的露丝·艾伦不得不下车推行。在他们第4次周日的旅途中，配有司机的劳斯莱斯车停了下来，里面坐着富有的姑姑。她正跷着二郎腿坐在车里，打开了车门喊比阿特丽斯："比阿特丽斯，亲爱的，你觉得艾耶尔家的人去教堂坐那个——交通工具像话吗？"比阿特丽斯上下打量了一下姑姑，回答道："好吧，费迪，如果我们的主能够骑着驴进入耶路撒冷，我不明白为什么我不能坐着驴车去教堂。"紧接着，西奥多拉姑姑关上了车门，然后劳斯莱斯"扬长而去"。

随着二战的爆发，比阿特丽斯开始在教堂组织、民间组织面前或女士们的午餐上讲话。《生活》杂志刊登了一段类似谈话的节选，是她向一群军官妻子说的：

除了牧师的妻子，没有一种职业像军人妻子那样，能成为丈夫的帮手也会对其不利。她几乎住在他工作的地方，每天看见他的伙伴。她的名声从第一个职位开始，就像皮肤一样紧贴着她直到死亡。我知道好几个有能力的军官绝对是被恶意八卦的妻子毁掉的。

1910年我加入军队——当时正是太平盛世。但是年长的女人都知道，在我第一个孩子出生前，我曾看见我丈夫的铺盖卷就在门边，如果军队要去墨西哥，他随时准备离开。从那时起，我已经看着他参加了三场战争。他在战斗中领导过军队，受过严重的伤，因英勇非凡而被授勋。如今我成为了老一代军人的妻子，今天在这儿宣讲的幸福的人，谁知道明天会发生什么呢？

对一位电台听众，比阿特丽斯说道：

他一直知道某一天当他的国家需要他时，他就必须准备就绪。他不仅是一个战略和历史方面的好学生，也能古为今用。他在非洲时，曾跟我提到汉尼拔……

他相信上帝会帮助他……他相信自己，相信他的士兵。在西西里岛开战前，他说："记住，作为攻击者，我们拥有主动权。我们必须迅速、凶猛、无情，立即出击，保持这种巨大的优势，无论多疲惫，都要去冲击。上帝与我们同在，我们应该赢。"

比阿特丽斯曾告诉她的女儿露丝·艾伦，《旧约》中的露丝创造了妻子最完美的守护神："你往哪里去，我也往哪里去；你在哪里住宿，我也在哪里住宿；你的国就是我的国，你的神就是我的神：你在哪里死，我也在哪里死，也葬在那里。除非死能使你我相离，不然，愿耶和华重重地降罚与我！"

勇气

Patton

巴顿总是在测试他的勇气。当然他也会在战斗中害怕。一战中他在德军机枪扫射的恐惧中直颤抖。他曾站在山坡上和未来的将军道格拉斯·麦克阿瑟玩“老鹰抓小鸡”的游戏，看谁先“眨眼”。当巴顿因附近炮火爆炸而本能地蹲下时，麦克阿瑟冷静地告诫他不要担心——“你永远听不见射中你的那颗子弹的声音。”

巴顿将军正在为列兵欧内斯·詹金斯授予银星勋章（法国某小镇 1944.10.13）

在西点军校学习期间，巴顿参加过一个关于电力的讲座。教授展示了一个能产生12英寸火花的感应线圈，有个学生问：如果它穿过一个人的手或手臂，是否会杀死他。教授邀请这个询问的学员来尝试一下，但遭到了拒绝。演讲过后，巴顿问是否能让他试试。教授起初拒绝，但在巴顿的坚持下，教授让步了。巴顿十分好奇，想知道那样的感觉如何。"一点儿都不痛，尽管我的手臂仍旧还有些僵硬。"巴顿在给他当时的女朋友比阿特丽斯·艾耶尔的信中写道。

巴顿总是在测试他的勇气。当一位年轻军官在步枪靶场训练新兵时，他故意将自己暴露在枪林弹雨中，站在靶子中间。当他感觉他的命运挣脱他时，他坐在他的船中开始了一段在太平洋冒险的旅程以再一次检测自己。他的幸存让他确信他的命运还在等待着他。

巴顿认为所有的男人，包括他，都会在战斗中害怕。一战中他在德军机枪扫射的恐惧中直颤抖。他曾站在山坡上和未来的将军道格拉斯·麦克阿瑟玩"老鹰抓小鸡"的游戏，看谁先"眨眼"。当巴顿因附近炮火爆炸而本能地蹲下时，麦克阿瑟冷静地告诫他不要担心——"你永远听不见射中你的那颗子弹的声音。"

第五章 “土匪杀手”

> 他最希望的事情实现了。他已经投身战场了。
>
> ——尼塔·巴顿

1938年，随着二战的逼近，巴顿一家搬到了克拉克堡位于得克萨斯临近墨西哥边界荒凉的延伸处。在那儿，已是一位上校的乔治，担任第5骑兵团的指挥官。一天晚上，巴顿一家越过边境在彼得拉斯内格拉斯的一家餐厅内用餐，他们在那儿遇到了一群墨西哥军官，其中一个墨西哥人一直用“一种相当犀利的眼神”看着巴顿一家，露丝·艾伦回忆道。当巴顿一家用完餐后，墨西哥人已经离开了。巴顿想要埋单时，他们被告知刚刚离开的将军科阿韦拉区的指挥官，已经替他付过账了。而且，将军还向巴顿中校问好，他们上次在1915年见过。巴顿一拍大腿，大喊道：“我就知道我见过那个人！他是潘乔·维拉的军官之一。那个该死的雅基人拿枪射我，还差点射中我！”

1910年，墨西哥支持民主的势力与联邦军队产生冲突，激起一场革命。自1876年起，墨西哥就被波费里奥·迪亚斯统治，他实质上是名独裁者，并且越来越不得人心。在激起自由选举的希望之后，迪亚斯宣布他自己就是第八届选举的胜利者，并且将他的对手弗朗西斯科・马德罗关押了起来。在提交保释金后，马德罗逃到了美国，谋划着召集军事力量对抗迪亚斯政权。

在响应马德罗号召的人中，有个叫何塞・多罗特奥・阿朗戈・阿拉姆布拉的，他更为人所知的名字是潘乔・维拉。他声称他第一次杀人是在16岁（据称是因为那人强奸了他的姐姐）。其后，维拉开始了偷盗马匹、暴力、抢劫，以偶尔的合法追求为点缀的生涯。遇到了马德罗在当地的代表亚伯拉罕・冈萨雷斯后，他的道路改变了。冈萨雷斯劝说维拉为人民而斗争来反抗大庄园主的统治。维拉将自己变成了“社会土匪”——有点儿像墨西哥的罗宾汉。

1911年的4月和5月，在奇瓦瓦州的华雷斯市，潘乔・维拉加入了马德罗的军队与联邦军队进行了第一场斗争。两天后，守卫部队投降了，革命者赢得了他们的第一场胜利。愕然的迪亚斯很快便逃去了法国。马德罗成了总统，只是他很快就被背叛且遭到了暗杀。维多利亚诺・维尔塔将军宣布自己为墨西哥临时总统。维拉加入了反对维尔塔的势力中。当维尔塔下达命令杀死既是维拉的朋友又是他政治上导师的亚伯拉罕・冈萨雷斯时，维拉对维尔塔的憎恨变得越发强烈并带着个人情感。美国支持反维尔塔势力，1914年7月15日，维尔塔解任逃离了。

在墨西哥革命的第二阶段，潘乔・维拉展现出了杰出的组织才能和领导才能。在开始反对维尔塔的反叛时，维拉仅有八人，两磅糖和五百发步枪子弹。他最终组建了一支庞大的军队，同时征集墨西哥人和雇佣兵，靠对大庄园主强制性的征收和劫掠火车来筹集资金。

在反维尔塔武装获得一系列的胜利后，维拉被任命为齐瓦瓦州的州长。他和他曾经的同盟贝努斯蒂亚诺·卡伦扎成了对手。尽管起初民意支持维拉，但是伍德罗·威尔逊总统认为卡伦扎是让墨西哥稳定的最大希望，所以美国支持他做总统。

维拉因为美国人的背叛而怒火中烧。他抱着通过挑起美国人对墨西哥的介入会使卡伦扎政府丢脸的想法，带领土匪帮越过边境发起了一系列的袭击，恐吓得克萨斯、新墨西哥和亚利桑那州边境小镇中的美国人。1914 年春天，威尔逊总统派遣部队到得克萨斯州和新墨西哥州应对袭击，其中包括准将约翰·J. 潘兴指挥的第 8 步兵团，他们被从圣弗朗西斯的普雷西迪奥调派到了布利斯堡，临近厄尔巴索。

潘兴曾被冠以“黑杰克”的绰号，因为他早期指挥的第 10 骑兵团全是黑人，他是参加征剿印第安战争中的一位老兵，也参与过镇压菲律宾起义，现在他是军队里最受尊敬的军官之一。他受到了厄尔巴索人民的热烈欢迎，他们将他视为能把他们从潘乔·维拉的袭击中解救出来的救星。潘兴总是站得笔直，他作风严厉，严于律己。他被激怒时，可能会目露寒光，甚至他的老骑兵都感到害怕。潘兴自信满满地接下了与墨西哥土匪作战的任务。

在布利斯堡待了一年之后，潘兴决定让妻子和 4 个孩子与他一起住在新的营地。1915 年 8 月 27 日，迁居几乎快要完成，一场火灾在普雷西迪奥潘兴的营区蔓延开来，将军的妻子和 3 个女儿葬身火海，只有他 6 岁的儿子活了下来。在许多致以哀悼的信件中，有一封署名为“弗朗西斯科（潘乔）· 维拉”。

不知所措的潘兴和他的儿子，还有妹妹梅，从家人的葬礼上回来后，又回到了他的岗位。乔治·巴顿在那之后不久到达布利斯堡，而比阿特丽斯和孩子们则留在后方的马萨诸塞州等待他营区的消息。巴顿立刻被崎岖得不可思议的西部荒野所吸引。广阔的土地上住着印第安人、得州骑警、墨西哥的不法之徒和有些令人疑惑的纯朴的女人。"无论如何我不会错过这里，"他给妻子写道，"我猜想这样的地方少之又少。"

在一封给他南妮姨妈的信中，巴顿描述了一位他见过的黑豹猎人。"他非常黑，他说：'一个该死的家伙以为我是墨西哥人，我不得不开枪射了他 3 次，直到他相信我是白人。'这让我印象非常深刻，并且我向他保证，他是我见过最白的人。"巴顿和有传奇色彩的得克萨斯人相处得很好："我经常和那些人往来。"

巴顿在得克萨斯的时候，获得了两件标签式的东西。一位人称上校斯特林的骑警，给了他一支 0.45 口径的 M1873 柯尔特单动式左轮手枪，他的余生都带着这把手枪。之后巴顿用象牙代替了胡桃木手柄——手柄一边刻着一只鹰，另一边用黑漆写着他名字的缩写。斯特林——"一只装饰着流苏、马刺和银色衬衫扣的竞技孔雀"——展示着大胆的着装，巴顿也渐渐开始仿效他。巴顿还开始跟一位老农场主学习最令人震惊的脏话。在农场主带颜色的话语所产生的影响下，巴顿用一种相似的方式同他的士兵进行交流，并将其升华为一种艺术。

比阿特丽斯在 1915 年 12 月去了布利斯堡，和她的丈夫住在一起，而把孩子留在了她父母那儿。到达后不久，巴顿夫妇在谢拉布兰卡附近的酒店参加了一场有当地农场主和他们夫人出席的夜宴。在喝咖啡的时候，突然响起了一声枪声，所有人都趴到了地上。在确信不会再有枪声后，派对就解散了。开车回家的路上，巴顿没有采取任何制动措施，结果鲁莽的他撞上了牛棚的门。比阿特丽斯因为碰撞而不住颤抖，却惊讶地发现她丈夫的脸上挂满泪水。“你一点儿都不关心我。”他大叫道，“那是我的枪走火了。我可能会被杀死，而你甚至没有问我是否没事！”巴顿养成了当地一个有些危险的习惯，就是把手枪别在他的腰头。比阿特丽斯向她情绪不稳定的丈夫保证了她的爱，但是这件事透露出巴顿总是对妻子缺乏安全感。尽管她对他全心全意，但他总觉得自己像个成功概率不明的求婚者。

1916 年 2 月，尼塔·巴顿从加利福尼亚到布利斯堡去拜访她的哥哥和嫂嫂。尽管她很享受被众多军官注目的感觉，但是 28 岁的尼塔仍旧越发担心起她单身的状态。在遇到刚刚鳏居的驻地司令官潘兴将军后，她立刻被他吸引了。“他非常英俊，而且幽默——还有一些历史感。”她写道。很快，55 岁的潘兴也对她产生了兴趣。

巴顿反对潘兴和他妹妹刚萌芽的爱情。在情感上，他与他的妹妹关系亲密，他理解她对于自己可能永远也不会找到人生伴侣的担忧。但是他同样满足于同他的指挥官建立社会关系，他还担心，如果他们结婚，他自己的成就会因为受到怀疑而被轻视，人们会怀疑他的地位建立在他妹妹与潘兴的关系之上。尼塔和潘兴在 1917 年秘密地订婚了，但是婚约没能撑到第一次世界大战结束。尼塔终生未嫁，潘兴则到去世时还是一个鳏夫。

潘乔·维拉在 1916 年 1 月发起了一场对美国的报复运动。在圣伊萨贝尔，16 名美国采矿工程师在火车上被绑架，并且被处死。尽管公众很愤怒，但是美国没有采取任何措施。两个月后，维拉和他将近500人的部下从索诺拉北上，所到之处死伤无数，许多人被强暴、虐待或勒死。他们在杀死一名美国妇女的丈夫后，将她挟持了九天。

3月9日一大早，维拉的人马攻击了新墨西哥的哥伦布，他们肆意烧杀抢掠。18个美国人——8个士兵和10个平民——都在袭击中被杀害。一个美国陆军中尉约翰·卢卡斯那天正好在哥伦布，他在小镇中央架起机枪，向攻击者开火。他的快速行动击毙了80人，迫使侵入者撤回了墨西哥。但是维拉的目的达到了，他激怒了美国，激起了美国的反击。

进攻的命令3月8日到达了布利斯堡。两天后心烦意乱的巴顿了解到，他的部队，第8骑兵团，不会成为进入墨西哥讨伐维拉的一部分。他默默地诅咒着肥胖的指挥官，可以肯定的是那个家伙不适合野外作战。“应该有一条一见到肥胖的上校就得杀死他的法律。”他苦涩地抱怨道。但是巴顿下定决心不能错失他第一次参加战斗的机会。他力图从他的部队中调出来，然后说服潘兴将他作为副官带在身边。

巴顿极力讨好潘兴的两个副官，以求在将军身边谋得一个位置。当潘兴知道巴顿的请求后，他打电话给巴顿，询问他是否真的想随同出征。巴顿兴奋地回答是的，但是潘兴敷衍的回答令他感到沮丧：“我会看看我能帮上什么忙。”那个晚上，巴顿突然来到了潘兴的营地，亲自说明他的事情。他承诺会执行任何任务，无论多卑微，如果能一起去的话。巴顿还坚持他擅长处理新闻报告——他人生中某个插曲对这个吹嘘形成了绝妙的讽刺。潘兴怀疑地问道：“每个人都想去。我为什么要赞成你？”急性子的巴顿回嘴道：“因为我比任何人更想去。”巴顿的无礼让潘兴心情恶劣，他深深地压抑着他的脾气。他冷漠地看着这个年轻军官，说：“这理由貌似挺充分。”

第二天早上，潘兴致电巴顿：“巴顿中尉，你做好准备需要多久？”一直都是乐天派的巴顿早已经打包好了。于是，潘兴说道：“我的上帝，你被任命为副官了。”三年后，潘兴向巴顿坦言为什么接受他加入远征。当1898年美西战争爆发的时候，潘兴还是西点军校的中尉和教员。军队的政策不允许教员离职去参加战斗。当他用尽所有正规的渠道而不能加入远征军时，潘兴擅离职守去了华盛顿，在那儿表现出了同巴顿相似的急切，于是他被选派去了古巴。然而，潘兴对于巴顿妹妹不断增加的迷恋也可能在选择巴顿作副官时起了非常重要的作用。

潘兴也许是巴顿在军事生涯中最重要的导师。他在这个迫切的年轻军官身上看到了自己年轻时的影子，并且巴顿时不时滑稽的模仿也让他很高兴。两个人都是追求完美的专业人士，潘兴饶有兴致地读着巴顿关于策略的流畅论文，给予认真的评论。时间充裕的时候，两个人会骑着马到乡下去。正如德斯特的记载：

> 潘兴对年轻巴顿的影响再怎么强调也不为过。他是军事指挥官的典范，他对于职责与纪律的想法与巴顿出奇的一致。潘兴不能容忍思想、人或者军队没有秩序或马虎凌乱，他是一个极好的军队组织者。他甚至拥有与巴顿相同的火爆脾气……在潘兴身上，巴顿至少找到了高级指挥官中一位最完美的榜样，他之后成功地效仿之，并根据他所学到的提炼出自己的高标准。

巴顿渐渐崇拜起潘兴和他的领导风格。在一本关于潘兴的回忆录中，巴顿写道:“潘兴将军知道他要求践行的每件事情的琐碎细节，并且通过他的亲力亲为、以身作则和亲自解释确保了它们都能被正确地执行。”潘兴从不搞特殊化，在马德雷山脉，无论多么寒冷，无论是下雨、下冰雹还是刮大风，从 3 月到 5 月他都不用帐篷，就睡在地上。“没有一场雾或雪，”巴顿写道，“能阻止他每天刮胡子。”

来自华盛顿的命令要求讨伐军 3 月 15 日要跨过边界。回应维拉攻击的军事行动赢得了民众的欢呼。然而，巴顿冷静地审视着远征的胜算:

> 我认为，考虑到维拉的人马在哥伦布作战占据地利，我们需要的不仅仅是更多的人……墨西哥地形对正规军非常不利。开始的 100 英里没有路，没有地图，没有水。如果我们能引诱他前来战斗当然很好，但是如果他拆散了他的军队，结果就会很糟糕，特别是我们后边还有卡伦扎。即使他们不会打败我们也会杀掉我们许多人，尽管不会包括我。

潘兴抓住潘乔·维拉的任务几乎是不可能的。远征军面临的问题是与正规军一起在非正规军领地上来追寻他们。他们被敌对一方的当地人包围，这些人对叛军是友好的或者起码是冷漠的。对灵活机动的对手来说，他们现在就是一个庞大且移动缓慢的靶子。除非敌军决定自己出来作战，否则美国人不可能伤其分毫。

叛乱者的游击战处于有利地位，不是潘兴所遇到的唯一问题。

墨西哥北部无情的地形——一片广袤的荒原上盘踞着马德雷山脉，10000 到 12000 英尺高的连绵山峰中间是深邃的峡谷——为想要躲避的人提供了绝妙的庇护所。原始的道路大多是泥土小路，一下雨就会变成泥泞的沼泽。潘兴同时还面临着艰巨的后勤挑战，军队的补给越来越困难，因为他们离美国的基地越来越远。

6 架飞机——危险的不稳定的寇蒂斯 JN–2“詹尼”——是潘兴用以联系他分散开的军队的媒介。他们都是由第 1 空军中队中勇敢且没有经验的先锋驾驶。6 架“詹尼”机一个月内全部坠毁。然而，这一经历显示了以飞机进行勘察和情报搜集工作的潜能。巴顿深信可以用空中力量配合坦克和地面军队，正如他在二战中所做的那样。

如他所愿，远征为巴顿测试勇气提供了机会。一个紧急的消息需要传递给第 11 骑兵团，他们的行踪只是被模糊地确定下来。巴顿主动请缨。当潘兴拒绝派他的副官完成这样危险的任务时，巴顿一直坚持到他的指挥官妥协。这就好似“海底捞针”，巴顿回忆道：“当我启程的时候，将军用温暖的手握了握我的手说：‘小心，会有很多维拉的人马。’然后依然握着我的手说：‘但是记住，巴顿，如果你不将消息送达就不要回来了。’消息当然被送到了。”

1916 年的春天，远征军坐车穿过了墨西哥荒原。潘兴全部随行人员只有带着 9 把火枪的 15 个男人，他们驾着 3 辆敞篷汽车。巴顿在领队车中。当护卫队穿过地图上都没有标明的危险地带时，一个全副武装的墨西哥人突然出现在车灯前。一个“真正的军队似乎潜伏”在隐蔽处。巴顿冲向前，心脏在胸膛中剧烈地跳动着，他开始用磕磕巴巴的西班牙语说话。因为不确定他们是敌是友，而且担心伏兵会将他们消灭，巴顿夸大了己方军队的规模，声称他们是汽车军团的先遣部队。接着愤怒的潘兴出现了，他想知道到底巴顿被什么阻碍了。巴顿之后写道：“将军威风凛凛地出现了，他在话语中无视可怕的墨西哥人的危险，于是我们继续前进，可是对我而言如芒在背的感觉持续了不止一英里。”巴顿的担忧在两小时后被证实，另一个护卫队中的三辆车被攻击，显然出于同一波墨西哥人。“勇者天佑！”巴顿听说后，暗自想着。

潘乔·维拉贴身卫队的指挥官胡里奥·卡德纳斯将军被认为藏在卢比奥附近的某个地方。潘兴命令在卢比奥周围区域加大搜查力度。巴顿请求加入搜捕卡德纳斯的队伍，他缠着潘兴直到将军心软应允。结果，巴顿临时被指派到中尉英尼斯·帕尔默·斯威夫特的第 13 骑兵团中的 C 连。这次搜查的目标是被认为是卡德纳斯家族住宅的圣米格尔大牧场。维拉也许逃跑了，但是巴顿希望他们能抓住一名他最信任的部下。

巴顿带人搜查了房屋，但一无所获，不过美国人发现了许多全副武装的墨西哥人在他们靠近时向临近的山丘跑去。凭借巴顿的新发现，他们在之后的搜索中找到了卡德纳斯的妻子、孩子和叔叔。巴顿似乎相信卡德纳斯就在附近，并且怀疑他想回到圣米格尔来看他的家人。他忍不住想以与维拉手下的对峙来测试他的预感和勇气。

他的机会在 5 月 14 日来临，潘兴派遣他与来自第 6 步兵团的 10 个士兵和两个平民向导乘坐三辆车去购买谷物。当他们到达卢比奥时，一群大约有 60 人的墨西哥人吸引了他们的注意。他们没有武装，但是巴顿的一个名叫 E.L. 霍姆达尔的向导是维拉以前的手下，认得出他们中的许多人。当巴顿购买完喂马的谷物后，他策划了一场进攻来证实他对卡德纳斯的预感——他将在圣米格尔发动一场袭击，在卢比奥的任何人有机会提醒毫无警惕的维拉的人马之前。

准备好战斗之后，巴顿和他的军队赶到了卡德纳斯叔叔在萨尔提略的庄园，但是没有发现卡德纳斯的踪迹。他们下个目标就是卡德纳斯在圣米格尔的大庄园，它在北面 6 英里的地方。到达那儿时正值正午，巴顿与卡德纳斯和他的团伙进行了一场枪战。巴顿在一份报告中这样描述那场遭遇战：

在房子南边 1.5 英里的地方，地面要比房屋的地势低。除非站在高地，否则不会被看见。一赶到这里，我就让我的车全速开过去……4 个男人正在剥牛皮。其中一个人跑进了屋子，然后又立刻跑回来继续干他的活。我将我的车停在了房子的西北方，另外两辆停在了西南方。我左手拿着枪跳下车，迅速绕到了通向中庭的大拱门……我沿着角落，走了大约距离门一半的路。当我离门还有 15 码的距离时，3 个全副武装的男人骑着马冲了出来，并开始在东南角绕行。

我极力克制才没有射击，仅仅是拔出了我的枪，等待着看会发生什么事……当他们到达角落的时候，他们看见了我的人正在从那边靠近，他们转过了身，三人一齐向我开枪。一颗子弹擦过我前方的砾石。我用我的新手枪回了 5 枪。然后我的人到达了角落，开始了枪战。我不知道屋子里有谁。距离我们右边几尺有许多窗户。正当我快到拐角时，3 颗子弹打在了离我大约 7 尺远的地面上，激起的土沫都砸向了我。

巴顿在大庄园中飞跑，同时上下左右的摆动来躲避任何想要瞄准他的人。当3个骑手冲出门的时候，巴顿大叫：“站住！”但没有效果。当巴顿、霍姆达尔和两个士兵在大庄园背面的墙后重装子弹时，3个墨西哥人——其中一个负伤——被困在了院子内，他们逃跑的路线被巴顿安排在东南和西南的部队切断了。“我重新给手枪装上了子弹，当我看见一个骑着马的男人刚好出现在我面前时，我退了回来。我本想开枪射他，但是突然记起戴夫·艾利森总是说要射逃跑之人的马，于是我射中了马的臀部。他从坐骑上摔落，而且只离我10码远，我们都向他射击。他被击倒了。”

在一片混乱中，另一个墨西哥人躲避着美国人。他没有被发现，直到他到达离大庄园将近100码远的地方。在他正要逃跑的时候，一阵火枪扫射过来，他倒地向前，死了。巴顿向他开了三四枪，他的士兵开了五六枪。两个墨西哥人此时都死了。

不确定维拉有多少民兵在场，巴顿爬上了庄园的土屋顶防止敌人利用矮墙作掩护偷袭。然而，脚下的屋顶突然塌陷，巴顿靠胳膊的支撑悬挂着。他知道他自己十分危险，因为可能已经暴露在屋内的人面前，于是他努力地爬回了屋顶。

同时，隐藏在前面的霍姆达尔，发现了一个人正从西南角一门向附近的田野逃跑：“他停在了大约200码的地方，举起了他的手以示投降，但是当霍姆达尔靠近他时，他拔出了枪，向霍姆达尔开火，于是被霍姆达尔击毙。”

在对房屋进行仔细搜查时，巴顿和他的人遇到了卡德纳斯的母亲和妻子，后者正在她的手臂里摇着幼女。两个女人面无表情，沉默地注视着巴顿他们，另一个房间的大门被一把挂锁保护着。

巴顿用他的枪射开了锁，发现了几个女人蜷缩在里面。其中一个像是在向上帝祷告来拯救他们的灵魂，并且将她的愤怒带给邪恶的美国人。

尽管在枪战中不可能去判断卡德纳斯是否已经被杀死，但是到了中午，巴顿发现其中一匹马是属于卡德纳斯的，上面有他的银色马鞍和军刀。一个墨西哥剥皮工人认出了卡德纳斯的尸体。他是在三个骑手被逼退回院子时被巴顿所伤。他最后一个被杀，即试图逃出大庄园时被霍姆达尔击毙的。当检查他的弹夹带时，发现他在死前一共开了 35 枪。另外两个死掉的人是不知名的队长和列兵。

巴顿和他的人把尸体像动物尸体一样绑在了他们汽车的引擎盖上。当他们准备离开时，许多维拉的人骑着马向他们靠近。在美国人匆忙地撤退回卢比奥的过程中，经过了好几番枪战。巴顿命令切断电话线，以干扰前方任何一个计划埋伏的人。

凌晨 4 时，大约在战斗后四小时，巴顿的人马带着他们可怕的战利品回到了潘兴的野外营地。巴顿的枪战在美国的媒体上立即轰动起来，《纽约时报》用了一个生动的描述，称巴顿是“土匪杀手”。

巴顿向妻子写信讲述这次遭遇，他告诉她：“我一直期望会害怕，但是我并不害怕，也不兴奋。我害怕他们会逃跑。我从没听过子弹飞过的声音，但是有人说那是我离得不够近……你可能会疑惑，是否我的良心会为杀死一个人而过意不去，并不会。我感觉就如同我捉到箭鱼时那般，我对我的运气感到惊喜不已。”

巴顿的女儿露丝·艾伦在回忆起他们一家与潘乔·维拉有怎

样的联系时，多年后仍旧记忆犹新：

48 年后，当我的丈夫驻扎在俄克拉荷马州的锡尔堡时，墨西哥总参谋部前来进行他们一年两次的例行访问……最后一个晚上我们在那儿，我们举行了一场正式的晚宴……有许多人交头接耳……最后……一个有些年迈的墨西哥将军站起来说道：“我想敬这位女士和他优秀的丈夫，还有她的父亲，我跟他很熟！”我吃惊地说：“你认识我的父亲？”

其余的墨西哥人开始大笑……“噢，是的，我相当熟悉你的父亲。我向他开过很多枪……当时我和潘乔·维拉在一起。”

第六章　在坦克顶上战斗

> 是时候让另一个巴顿牺牲了。
>
> ——巴顿在谢皮小镇受伤之前

1918年9月26日

巴顿又一次因违反命令而被留在了指挥所里。两个星期前，在圣米耶进攻前的晚上，巴顿的指挥官，塞缪尔·D. 罗肯巴克准将，仔细地叮嘱他："这场战争中不存在个人勇气的问题；这是一个郑重的建议，每个人都应该恪尽职守。控制住你的储备与供需，你没有权利在坦克里，我命令你停止在坦克中战斗。"巴顿选择从字面上遵守他的命令——他没有在坦克中战斗，他在坦克顶上战斗！

法国联军最高指挥官马歇尔·费迪南·福煦，命令美国第一军的行动从圣米耶转移到默兹—阿贡。巴顿的第1坦克旅将在9月26日发动的一场进攻中发挥重要的作用，巴顿感觉战争将会很艰难。该地区海拔1000英尺，峡谷深邃，峭壁林立。德军守卫占据巨大优势，他们巧妙地利用这种优势在兴登堡主战线前建立起了三条防御带。该地的右翼是另一个屏障——默兹河。第一军的参谋长，休尔·A. 德拉姆准将称这样的位置为"我所见过或涉猎书籍中最为得天独厚的防御地势"。因为强大的防守，这一区域基本上没有进行过战斗。双方战士在无人区随意地打猎，这一切仅会被 4 年前就已阵亡的穿着制服的士兵骷髅看到。德军 24 英里的防线只有少量的五个师把守。

战前，巴顿为了避免来自指挥官的刁难，做了充分的准备以便和罗肯巴克交流。9 月 26 日早上，巴顿集合了他的侦察兵、信号兵、12 个入伍的通讯员，还集中了许多信鸽、战地电话、大量的电话线。凌晨 2:30，协约国军队的炮火开始向德军射去。攻击的前 3 个小时里，2800 架协约国军队的机枪打出去了比 4 年美国内战中南军和北军加起来所用子弹更多的弹药。巴顿献上了感谢的祷告，感谢他不是接受这强大炮火的另一方。

凌晨 5:30，在浓雾的掩护下，美军从他们相对安全的泥泞战壕前进至德军战线。起初的一个小时里，巴顿拒绝冲动地与他的人马一起前进，但是到了 6:30，他开始领导着他的队伍前进，紧跟着领队坦克的轨迹。美军发射的烟雾弹混着浓雾，将视线限制在仅仅 10 尺之内，迫使巴顿以手持的指南针在这片危险的地域中导航。

上午 10 点，巴顿和他的人马已经前进至谢皮小镇南部边缘的十字路口。几分钟以后，雾开始消散，巴顿发现自己已经冲到了坦克前面，许多坦克正陷在他身后几百码的沟渠中。在保护盾似的烟雾消散后，巴顿和他的部队遭受了来自四面八方的猛烈炮火。防御的德军预先设立了至少 25 个机枪网点来保护小镇。

在进攻的第一天，夺取谢皮小镇是第 35 师的目标，该师是由来自堪萨斯州和密苏里州的国民卫队组成的。在德军密集的战火下，第 35 师里没有经验的士兵非常慌乱，或是迷了路或是逃回了安全地带。军队变得一盘散沙。当巴顿发现他是唯一的军官时，他命令士兵跟他在一起。最后他聚集了几百名吓坏了的步兵，像是母鸡聚集害怕的小鸡一般。又一次有人想跑，巴顿向他们大叫，让他们待在原处不许动。

看见己方的坦克在他身后，巴顿连续派士兵想把坦克带到他现在的位置。当人总是不回来时，巴顿自己跑下了山看是什么耽搁了。他发现带头的坦克被困，这头笨重的金属野兽不能自己开过一条非常宽的沟壕。机组人员发疯似的挖沟，想让坦克开动，但是他们时常要躲避机枪的射击。当巴顿看到一些战士畏缩在沟壕中，而他们的同伴正暴露在枪林弹雨中时，勃然大怒。他和坦克军团的指挥官马修上尉，将绑在其他坦克上的锄头和铁锹解下来，交给藏在战壕中的士兵。巴顿命令他们无视子弹开始挖沟。

一架德国侦察机随后出现在头顶，缓慢地盘旋在美军的上空，指引着敌军火力向陷入困境的坦克、机组人员和士兵这些诱人的目标倾洒。新一轮的战火爆发了，除了巴顿，所有的士兵都跳进了安全的战壕中。士兵们恳求巴顿躲避德军的炮火，但是巴顿拒绝移动。“去他妈的——他们打不中我！”许多士兵都被击倒了，但是巴顿拒绝寻找掩护。最终士兵们使 5 辆坦克开过缺口时，巴顿叫喊着、咒骂着，并摇晃他的手杖，告诫他们要继续前进。大约 150 个步兵跟着他，但是当他们到达山顶时，机枪猛烈的攻击迫使他们不得不紧贴地面。

德军机枪的密集扫射让巴顿想起了他在加利福尼亚的葡萄园湖家中的割草机。突然的绝望和恐惧揭开了巴顿故作勇敢的面具，他开始因为害怕而颤抖。他想要逃跑。他把脸从泥地上抬起，眺望着德军的战线，然后向上看天空的云朵——他看见了一张张脸。他眨了眨眼，又眯了眯，但是那些脸庞依旧在。那是他先辈们的脸庞：有在普利斯顿战役中受了致命伤的休尔·摩塞，有在南北战争中被杀害的祖父乔治·巴顿上校和死于在葛底斯堡所受的伤的叔祖父沃勒·泰兹韦尔·巴顿上校。还有其他的脸庞和不同的制服，在远处闪着微弱的光，却与先辈出奇的相似。所有的脸都冷漠地看着巴顿，好像等待着他加入一样。

巴顿似乎本能地将其理解为先辈们在召唤他完成他的使命。他立刻冷静了下来，摆脱了因为恐惧而生的颤抖。“是时候让另一个巴顿牺牲了。”他大声喊道。巴顿站了起来，抓着他的手杖，转向了身后的士兵。“谁和我一起？”他叫道，然后就跑进了敌军的枪林弹雨中，视死如归。在155个士兵中，仅有6人跟随他，其中一个是他的传令兵，二等兵约瑟夫·安吉洛。不一会儿就只剩两个人了——巴顿和安吉洛。其他的要么奄奄一息，要么受伤。当他下令向前时，他被云端上的南军亲戚和他弗吉尼亚的祖父注视着，战场上的巴顿强烈地感觉到自己有多么渺小。

巴顿在靠近德军防线的时候被击中了。他在倒下之前蹒跚地向前走了几步。安吉洛跑到了巴顿的身边查看出了什么问题。他把他的指挥官拖到了一个浅浅的弹坑中，包扎他涌着鲜血的伤口，德军仍向他们所在的位置开火。安吉洛知道巴顿受了重伤，需要治疗。但是两人被钳制在与敌人的交火中，营救巴顿似乎已不可能。

我现在完成了自己的使命，巴顿想着，和在他之前牺牲的英勇先辈一起。他并没有输给他们。他已经展现了勇气，直面了恐惧。

他快要死了，但是他没有畏惧死亡。他为自己毫不动摇的信仰而感到欣慰，这个信仰他从儿时起就拥有，且自那时起他便每日悉心培养。

躺在弹坑中流着血的巴顿命令安吉洛回到坦克中，指出机枪网点的位置。两个小时后，巴顿的坦克和第35师的第138团征服了德军，夺取了谢皮小镇。巴顿被救护车带走了。在前往战地医院之前，他坚持让救护车带他去第35师的营地，到了那儿他开始口述一份关于战争前线情况的报告。然而，由于身体太过虚弱，巴顿陷入了昏迷，他被送到后方的战地医院。

医生替巴顿检查伤口，他不明白巴顿怎么能够被一颗子弹穿透身体而没有因此丧命。但是医生要进行诊断，探针就不得不敲击髋关节、坐骨神经或是主动脉，子弹竟奇迹般的没有碰到其中任何一个。巴顿吃了点苦头，但很快就能正常走路了，不过，被限制在病床上的厌烦，让他产生轻微的抑郁。这并没有影响他看墓地，人们被埋在那儿，他在那儿看了一整天。一个法国上校来到巴顿的床边问候他："我很高兴你仅是受伤。你是那些勇士中的一员，他们常常丧命，"紧接着法国人警告道，"你早晚也会。"

直到10月中旬阿贡森林在某种程度上才变得安全起来，那时巴顿仍然在康复中。美军死伤人员超过122000人——26277人死亡，95786人受伤。巴顿为错过了最后的战斗而沮丧。最终他收买了一名护工，帮他找了一辆车，逃离了医院。他到达凡尔登时是1918年11月11日，那天正是他的33岁生日。那天上午晚些的时候——11月11日11时——西方战线上的枪声沉寂了下来。德军要求停战。至此，历史上最暴力的冲突终止了。

巴顿从阿贡森林的战役中汲取了一个教训。尽管协约国军队因为坦克分散使得效益降低，但是在仔细挑选的位置集中装甲有决定性的作用。这个年轻的军官开始把强力的坦克战看作一种流动形式的机动战。巴顿在之后美国所经历的一场最大的战争中部署坦克时，这个想法已经萌生了 20 多年。

在那些年，巴顿明白了另一个更为深刻的道理，对于小乔治·史密斯·巴顿而言，和平比战争更为可怕。

第七章　坦克与步兵之争

> 唯一比在军人头脑中植入新观点更难的是消除旧观点。
>
> ——B.H. 利德尔·哈特

从第一次世界大战结束到纳粹入侵波兰之间的20年，美国军队内部对于坦克的地位争议很大。这一强有力的新型机械化武器在一战中显示了它的威力，但是保守主义者认为它只是步兵的补充，用来辅助他们视为主体的步兵，并帮助军队穿越“无人区”。其他人则认为坦克是更为强有力的骑兵，是一种可以通过侧翼包抄和背后袭击来对敌人实施迅速打击的工具。坦克的拥护者争辩说它应该独立于步兵，就像大炮那样。这一观点令保守主义者深恶痛绝。这一争辩并不仅仅涉及知识性的转变。那些主张战争机械化的人清楚地知道通过改变既定秩序，他们也在使自己的事业蒙受风险。在军队锐减的和平时期，军事进步十分缓慢，而每一个看起来像是对步兵至上论产生威胁的人，都面临着被边缘化、军事法庭审判，或是被强烈要求退伍的风险。

巴顿从欧洲战乱中的回归被视为战争“遗物”，为许多老兵所知。从个人可以决定别人生死的高度集权的战场到安静的家庭生活的转变，可以说是令人不快的且困难重重。巴顿失去了战友情谊，也迷失了方向。他也面临着和平时期事业的不稳定性。对于一个被其信念驱使领兵打仗的人来说，和平比战争更为可怕。更为糟糕的是，美国军队实行了一项举措，把从战场中回归的军官降为战前原职。巴顿失去了他的上校军衔，又成了上尉。

在两次世界大战之间的这些年里，巴顿遇到了另一位军官，这个人的命运将和他的命运密切相关。1919 年秋季，巴顿经人介绍认识了德怀特·戴维·艾森豪威尔，他的朋友们称他为艾克。两个男人都统领过坦克兵团。艾森豪威尔在战争期间没有被派到法国，但是却建立并掌管着美国最大的坦克训练中心——柯尔特营，它位于宾夕法尼亚的葛底斯堡。巴顿和艾森豪威尔在许多方面都截然不同。巴顿做什么都直截了当。当他还是一个令人难以忍受的自我主义者的时候，他常常力图以训练得当的严肃表情服众。他富裕的家庭背景使得他可以在贫困的军队中享受上流社会的生活方式。而艾森豪威尔出身贫困，为人低调。他和煦的笑容吸引了每一个见过他的人。那些在他们军事生涯早期就认识他们的人认为乔治·巴顿一定会成就伟业。而另一方面，艾森豪威尔则总是被低估，他随和的个性掩盖了燃烧的野心。几乎没有人预测到艾森豪威尔会成为西点军校 1915 届——这是“明星荟萃的一届[1]”——最闪耀的明星。

1925 年至 1926 年，当艾森豪威尔在利文沃斯堡的陆军指挥参谋学院就读时，巴顿寄去了自己翔实的课堂笔记。艾森豪威尔

[1] 西点军校 1915 届毕业生共有 164 人，其中 59 人获得准将或更高的军衔，3 位将军，并且有两人成为五星上将和陆军参谋长，此外还有一位美国总统（艾森豪威尔），堪称黄金一代。

在班上以第一名的成绩毕业，大概得益于他朋友的洞见和笔记本。巴顿寄了一封贺信给艾克，并说他很高兴他的笔记有所帮助，“我确信没有它们你也能做得很好”。然而，这就像是在说巴顿认为他的笔记是艾森豪威尔在学院取得成功的首要原因。

多年以后，当回忆起他与巴顿的关系时，艾森豪威尔写道：“一开始我们惺惺相惜。我们都是当时军事思想下的学生。我们的部分友情源于我们对于坦克的信念——一个在那时被别人嘲笑的信念。”这两个男人分享着对坦克机械化作业的详尽知识，和对它除了辅助步兵以外的潜在策略性用途的欣赏。

一战后，美国迅速大规模地裁军。到1920年6月，正规军数量减到了13万。美国民众欣然接受和平主义，对未来生活充满憧憬，在那里战争只是野蛮过去的遗迹。希望“结束一切战争的战争”的国际联盟，承载着伍德罗·威尔逊总统对国际理解的理想主义愿望，将和平解决各国今后的争端。美国进入了一个无忧无虑与被隔离的时期。1922年，美国军队规模在所有拥有常备军的国家中仅名列第17位。

在1919年10月18日一封写给他妹妹的信中，巴顿谴责这种国内情绪和军队解散现象：

美国基本一团糟，军队尤其如此，而这似乎没有尽头……我们忽视了历史的教训——迦太基的血泪史；禁卫队看守下的罗马备受屈辱——而我们继续前行，无视培养爱国主义这一至关重要的需要——雇佣军队……即便是我们最开明的政治家也盲目了，并因自我欺骗而疯狂。他们相信他们希望的事情会发生，而历史则告诉我们那是不会发生的。

在元气大伤的战后军队，努力树立对坦克的支持被证明是一项不可能的任务。领导者没有兴趣在缩水的部队中给新武器腾出地方。鉴于国内的隔离情绪，国会也没有任何激情给军队拨款。1933 年，道格拉斯·麦克阿瑟将军说，军队拥有的极少量坦克“在战场上对抗任何现代设备时完全没有用武之地”。

如他们年轻的军官同胞一样，巴顿和艾森豪威尔战后军衔遭到了降级。可悲的生活条件、还有可怜的薪水令他们都考虑过退伍，但最终都坚持了下来，就像在后越战时期的那一代军官——如诺曼·施瓦茨科夫和科林·鲍威尔——一样，将会再次把军队重建为世界上最强大的军事力量。一种对于坦克将在未来扮演重要角色的坚定信念，和使之成为现实的意愿似乎使这两个男人撑过了这段时间。“我和乔治还有一群年轻军官认为……坦克可以拥有一个更有价值、更引人注目的角色。我们相信……他们应该大量且出其不意地进行攻击……我们需要速度、可靠性和火力。”

这两个男人曾经彻底拆卸了一辆坦克，小到螺帽和螺栓，然后又重组了它，很明显这满足了他们的好奇心并使他们了解了它精密构造的每一个细节。在无止尽的晚餐和酒会中，他们会辩论和讨论坦克的战术和策略，并把他们的讨论扩展到一个有同样信念的小团体中，其人数还在不断发展中。赢得追随者并不容易，但巴顿和艾森豪威尔都是狂热分子。

巴顿在马里兰州米德堡组织了一次克里斯蒂 M1919 坦克展览，并说服了 7 位陆军部将官出席。一起出席的还有国会军事事务委员会的成员以及巴顿家族成员，包括比阿特丽斯和她的弟弟，小弗雷德里克·艾耶尔。一开始，巴顿便简单介绍了坦克不同凡响的能力——它可以以每小时 30 英里的速度在沙子上行进，穿过建筑物，并摧毁树木。巴顿邀请将军们尝试驾驶坦克。当没有人接受他的邀请时，作为主持人的巴顿，转向了他的妻子："那么，比伊，你来展示它！"巴顿夫人在地上娴熟地驾驶着坦克。当她把这辆原始的坦克带回众人面前时，巴顿再次邀请他的客人们试驾："你们看，先生们，它是多么容易掌控啊？现在谁想试一试？"与巴顿期望的热烈回应相反，只有尴尬的沉默。"多谢你，巴顿少校，我们已经参观够了，"一位将军如是说道，并结束了这次展览。一名国会议员走近巴顿说："乔治，这是一辆很不错的坦克。肯定是我们见过的最好的。但你要知道我们不打算买它。我怀疑即便是开着它爬到国会山，装满了选票，我们也不会买。"

在 1919 年 9 月，巴顿被选为坦克兵团技术委员会的官员，研究提升新型装甲车的方法。委员会经常碰面，努力想方设法提升坦克的可靠性、安全性和杀伤性。虽然不那么令人兴奋，但这至少是一份很重要的工作。如果坦克打败众多反对者生存下来了，它需要克服一些常规问题，如它在战场上的性能和可靠性。委员会任劳任怨地研究坦克设计的细枝末节。"成员们参观修理店，学习预防性维护，提议改变弹库系统、驾驶员的位置、引擎、观察孔、脚踏加速器、车轴离地净高、活动顶盖、手枪端口、防空保护、座椅悬架、小型武器弹药架和工具放置位置等。"

巴顿投身到提升坦克技术性能的事业中，投入了他为人称道的热情和精力。坦克兵团指挥官办公室的评估中提到巴顿作为委员会成员"工作十分出色"。副指挥官评价巴顿说"对于任何他需要完成的工作都充满激情，并且卓有成效"。他把巴顿列为精力、耐力和积极性都超群的人。坦克兵团的首脑是塞缪尔·D.罗肯巴克，他是巴顿在一战中的指挥官。他眼中的巴顿“聪明、活跃且英勇，具有极大的冲劲和勇气”。他评价巴顿在其他所有方面都表现优异，而在“判断力和常识”方面表现中等偏上。坦克军团的副指挥官也在这一方面给了巴顿较低的评价。

一战期间法国朗格勒坦克学校的指挥官J.W.麦克安德鲁少将，提到了巴顿的另一个优秀品质，“巴顿是一名相当优秀的战士，并已在战场上展示了他的实力。他是一个非常有效率的行动指挥者，他最大的优势不在于日常工作而在于指挥。”他评价巴顿在各方面都表现出色，然而也是在“判断力和常识”方面认为巴顿表现中上。这些评价始终如一，与巴顿共事的人都欣赏他的精力、才智和应对艰苦工作的能力。同时，他的激情似乎误导了他的判断力，而他与别人的互动则可以说是有些不和谐。

巴顿和艾森豪威尔都撰写了评论和文章来支持坦克进一步发展，并认为它的速度和火力在未来战场上具有决定性意义。坦克可以包抄敌人的据点或是在前线打开缺口，以迅速击溃敌军。他们还认为坦克军团应该独立于步兵。巴顿和艾森豪威尔的新思想威胁到了军队的地位，至少，这是具有政治危险性的。它挑战了步兵至上论的权威，颠覆了已根深蒂固的陆战思想。

1920年秋季，艾森豪威尔受命到华盛顿参加与步兵首脑的会议。他受到警告说他的观点是错误而危险的，并被直接要求不许再发表言论。他被威胁说如果再发表任何与现行步兵思想有冲突的东西，就将遭到军事法庭审判。这一令人胆寒的信息并不是说说而已。1925年比利·米切尔将军因不服从罪名遭到军事法庭审判，因为他公开支持陆军航空兵团独立。在美国军队高级将领的心目中，战争胜利的原因是步兵控制了敌方全体。当时的军队在思想上鄙视机动和侧翼包抄敌军的尝试。这一经典例子说明了将军们为什么倾向于打最后一场仗——尤其是当他们占据上风的时候。如英国军事家 B.H. 利德尔·哈特戏谑的评论那样："唯一比在军人头脑中植入新观点更难的是消除旧观点。"

1919 年，当时最受人尊敬的约翰·J. 皮尔辛将军在国会中提出坦克军团"不应该成为一个庞大的组织"而且应该被排在"步兵首脑之下作为军事辅助"，建立独立武装分支的希望备受打击。坦克的支持者在最重要的战场——国会拨款中遭受打压。1920 年对坦克的拨款只有 500 美元。

这个时期巴顿和艾森豪威尔在行动上进行了微妙的平衡。两个人都深信装甲战会出现在未来，但谁都不愿意步比利·米切尔的后尘而牺牲自己的事业。反之，他们退了一步，以通过劝服其他军官的游击战形式来提升人们对坦克的兴趣。然而，在书面的文件和文章中，两个人都阳奉阴违地支持步兵至上论。当还是陆军指挥参谋学院的一名学员时，艾森豪威尔曾写过"很明显不论发展到何种程度，坦克都无法代替步兵的使命"这样的话。

读过英军上校 J.F.C. 富勒的著作《大战中的坦克》后，巴顿打了一份 7 页的一行空一行的笔记，并感叹道："火药使人们穿戴的盔甲失去作用，但这一事实从 12 世纪末期开始到 14 世纪早期才慢慢深入人心。让人们了解无装甲士兵对抗装甲机器只是徒劳是否也要用同样长的时间呢？也许吧。"

巴顿也提到列奥纳多·达·芬奇描述过无敌武装战车可以消

除敌人力量，使得步兵可以畅通无阻。巴顿写道："这是 350 年前成功的坦克正式出现之前对于坦克的清晰描述。"

1920 年《国防法》的通过重塑了步兵、大炮和骑兵作为军队的首要作战力量的形象。每个分支都由一位少将领导，负责研究和发展自己的思想。坦克军团被正式取消，所有的坦克部队和人员都被分配到步兵。坦克军团首脑的地位一落千丈，坦克被命名为"步兵（坦克）"。没有取得独立的坦克军团，注定要在步兵第一首脑查尔斯·法恩斯沃思的忽视下走向衰败。在第一次世界大战中，佐治亚州本宁堡的美国步兵学校的前任校长法恩斯沃思指挥美国第 37 师，获得了杰出服务勋章和银星奖章。根据卡洛埃斯特的说法，法恩斯沃思"对坦克还有指挥坦克的军官都没有兴趣"。

同年巴顿从战时任命的上校军衔降职为上尉军衔。然而，他迅速地晋升为少校也意味着他深孚众望，因为此类晋升在和平年代的军队并不常见。同样艾森豪威尔也先被降职然后升为少校。巴顿现在面临着他事业的重要转折点。他可以继续留在步兵部队或者请求调回骑兵部队。在步兵部队晋升的可能性微乎其微，更不会因为巴顿代表坦克军团游说而增添希望。在骑兵部队，巴顿确信他会受到老朋友们的热烈欢迎，并感受到熟悉的传统和仪式。他决定回到骑兵部队。

1920 年 9 月 20 日，巴顿在坦克军团 304 旅发表的离别演说体现了他领导风格的许多标志性元素——用一种通常对指挥官的畏惧和诅咒的亲密关系，还有和他的战士们一样努力奉献的工作态度来统领他的士兵：

你们可能把我看作世界上最小气的男人，但我向你们保证这夸大其词了。对于旅队以及组成它的士兵和军官，我都引以为傲，怀有真挚的感情……当我训斥或者纠正你们中的任何一个人——不管是士兵或者军官——的行为时，是因为在我看来你是错的，但我从不因此针对你。我从未要求你们中的任何一个人比我多担点儿责任，多做点儿事情，多参加战斗；结果在法国为了追上你们，我中弹了。你们总是时刻准备着，因此不论是旅队或是其中的任何一支队伍，都是秩序、勇气和效率的典范……我被授予了杰出服务勋章，但是我清醒地意识到它是旅队而不是我个人赢来的……上帝保佑304旅。

当美国军队的保守派紧紧抓住步兵和骑兵的旧思想不放时，其他国家正在迎接坦克的到来。1928年俄国购买了两辆由美国工程师华特·克里斯蒂制造的坦克，华特是世界一流的坦克设计师。俄国仿制并继续改造他们的“克里斯蒂–俄国”，并最终研制出了威力强大的T–34坦克，可以说这是第二次世界大战中最先进的坦克。苏联指挥官米哈伊尔·图哈切夫斯基发展了一套“纵深作战”的理论，根据这个理论，坦克可以进行联合作战深入敌后，摧毁敌人后方及供应基地。图哈切夫斯基在1937年斯大林发动的军队大清洗运动中被处决，但是他的策略被苏联红军基本采纳。

在德国，海因茨·古德里安撰写了许多关于机械化战争的文章。1937年他出版了一本关于此专题的重要书籍《注意坦克！》，概述了坦克战理论，成为了二战中德国坦克力量和闪电战的基础。和巴顿与艾森豪威尔一样，古德里安认为，坦克应该扮演重要角色，不应从属于步兵。

与此同时，美国军队仍在忽视空军和装甲，而这两支军事力量的发展在日后会震惊世界。美国军官从柏林报告了德国的发展，正如另一个美国军官阿尔伯特·C. 魏德迈少校所做的那样，他在德国的军事学院上学时曾是古德里安和隆美尔的朋友。巴顿认真阅读了美军情报中心提供的古德里安、隆美尔和华特·瓦利蒙特著作的英文版，也搜罗了其他信徒们——如利德尔·哈特和J.F.C. 富勒，还有不太出名的法国上校夏尔·戴高乐——关于新型战场的文章。巴顿依然坚信装甲的价值，但他也确信骑兵是注定的正统力量。1931 年在匡蒂科海军陆战队学校作的题为“现代骑兵”的演讲中，巴顿以一个大胆的（且不正确的）预测结尾：“我认为最倒霉的人就是那些认为骑兵已死，在下一场战争中会对我们不利的人。他们会变成死尸，而非我们。”1933 年在梅尔堡所作的演讲中，他阐述了机械化部队的许多优点，包括装甲车还有坦克。然而在他的结论中，却阐述了新武器的缺陷和重启对骑兵的永久需要，削弱了他前面的论点。

巴顿的骑兵确实参与了一次暴力冲突，这是美军历史上沉重的一笔。1932 年，第一次世界大战的老兵们聚集在华盛顿哥伦比亚特区，要求马上支付 1945 年到期的补助金。许多人自大萧条开始就失业了，急需这笔钱。艾森豪威尔和巴顿同情游行者的困境，但也怀疑他们被人利用了，是在找机会进行革命。道格拉斯·麦克阿瑟把这些衣衫褴褛的“讨偿大军”看作反动暴民。7 月 28 日下午 4 点 45 分，老兵们被包括巴顿和麦克阿瑟领导的军队驱散。面对使用步枪刺刀和原始的催泪瓦斯的士兵，老兵们逃到了安那考斯迪亚河对岸，在那里建立了一个棚屋区。胡佛总统命令袭击终止，但是麦克阿瑟悍然不顾他的命令。他追着这些人过了桥，随后河对岸的露营迅速被大火吞没。那时支持麦克阿瑟的艾森豪威尔，彻底厌恶了他的行为和他所扮演的角色。他强烈要求他的指挥官不再担任任何反讨偿大军行动的公共职务。除了对老兵的同情，巴顿也尝到了参与的兴奋。“在我看来，他们大多数都是贫穷、无知的人，没有希望也没有真正的恶意，但是他们中有数千名坏人且不乏胆小怕事之人。”

讨偿大军中有一个叫乔·安吉洛的勤务兵，他曾在谢皮救了巴顿一命。和巴顿一样，安吉洛因为英勇而获得了杰出服务勋章。在老兵被暴力驱逐的后一天，安吉洛想找机会与巴顿见面，但是巴顿拒绝了。安吉洛在某种程度上成为了运动的领导者，巴顿害怕他们见面会引起媒体的注意。但即便没有见面，一家报纸的头条也写道，“少校驱逐救命老兵；补助金讨偿者在他在战场上救过的军官面前逃走。”巴顿试图为自己不见安吉洛的行为辩护。巴顿对一小群军官说：“因为战争的缘故，我母亲和我比一般人更支持他。我们给过他钱。我们几次帮他开创事业。你能想象如果听到我们见面的风声，今早报纸的头条会是什么吗！”巴顿一家随后去瓦尔特·里德医院看望了安吉洛。比阿特丽斯坚持让她的孩子们见到在一战中挽救了他们父亲性命的那个人。

根据巴顿的典型作风，他试图从这个小插曲中学到点什么，并准备了一篇题为“国内骚乱中的联邦军队”的文章。文章展示了巴顿广博的军事历史知识——他引述了无数国内动乱的例子，如威士忌暴乱、格古拉兄弟引发的骚乱、法国大革命等。他得出的实践性经验有：

> 在对暴民开火之前，警告他们你的意图，让无辜的人们“避开”……提前指示某个狙击手杀死对士兵开火或扔投射物的暴动者。火力冲突只能在你或者某个军官的指挥下完成……如果一些演说者开始在人群中高谈阔论，并煽动他们暴乱，抓住他，即使这会导致局部战斗。但小规模战斗总比大规模的要好。

1935年春季，巴顿收到返回夏威夷的命令。在那里，他集中精力研究岛屿应对攻击时的缺陷，这在日本侵华战争爆发之后变得日益重要。在另一篇文章中，巴顿说“不得不假设出人意料为成功占领这些岛屿提供了绝佳的机会。根据可靠报道，在过去四年中，三支甚至更多的日本部队曾上过岸，行进到了亚洲海岸才离岸。而在对亚洲采取行动之前，没有任何军事官员、领事人员、外国媒体记者或者任何其他住在日本的外国人意识到这个问题”。他也提到逼近的日本舰队与岛屿之间只有7天的行程，并且如果他们想对夏威夷不利，他们将“经过世界上最寂寞的海上航线漂洋过海而来，谁能保证现在这些岛屿上没有远征军？”

对巴顿来说，两次世界大战期间的这段时间也是一段个人和情感危机时期，他有对变老的恐惧、有对缺乏晋升机会的沮丧，还有挥之不去的对是否“他的”战争会来临并成就他的命运的疑问。他开始酗酒，寻求年轻人的陪伴，并对其他女人的调情手段十分敏感。“中年危机”加速了巴顿本来就情绪化的性格。他偶尔会陷入一种深深的沮丧中，这既困扰又考验着他的家庭，尤其是他的妻子比阿特丽斯。较之其他任何人，比阿特丽斯是巴顿的支柱，但即便是她，也对丈夫长期的灰暗情绪感到厌烦。

这种压力会毁掉其他大多数婚姻。确实，到1940年，这对结婚30年的夫妇之间似乎产生了隔阂。在他给妻子的信中，巴顿徘徊在自哀自怜和真诚道歉之间。他去上飞行课，有一次他飞机的发动机在起飞后熄火了。在对比阿特丽斯叙述这件事的时候，他写道："我很快死了的话，你就如愿了吧。"但同时，他写道："我希望将来你能原谅我，天呐，如果我能知道你会原谅我。无论如何我都爱你。"在另一封信中他恳求妻子的原谅，告诉她，"你是我唯一爱过的人。"

马与机器之间的斗争贯穿了整个20世纪30年代。1940年，在路易斯安那州，第3军团进行了一次军事演习，一方是由巴顿的朋友肯扬·乔伊斯带领的骑兵队伍，另一方是临时组成的机械和坦克部队。在演习之前巴顿在第3军团团参谋长那里获得了一些训练的内部消息，他在一封信中把这些消息分享给了乔伊斯，并在结尾说："祝骑兵旗开得胜。"机械化部队全面击败了骑兵。巴顿在演习中表现得像一个裁判，这让他充分见识到了机械化军队的操纵方式，还有他们在战场上的潜力。

受到结果的启发和鼓舞，一个包括巴顿和小阿德纳·R. 钱菲在内的军官小集团，在附近中学的基地内召开了秘密会议。他们撰写了一封提议书，处在首位的是独立坦克部队的创立。这封提议书最终呈到了军队参谋长乔治·C. 马歇尔的办公桌上。即便步兵和骑兵愤怒抗议，马歇尔还是迅速创立了装甲部队，并任命钱菲为第一任总司令。这成为给骑兵棺材封盖的最后一颗钉子。

钱菲对巴顿来说亦敌亦友。与巴顿不同，在两次大战期间，钱菲一直是装甲部队的支持者，并成为了美国坦克的主要倡导者。早在 1927 年他就预言下一场战争中机械部队将占首要地位。1940 年，钱菲告知巴顿说他已经把巴顿放入装甲旅指挥官的首选列表，他最后说道：“在战事爆发时，你体现出各种超凡的能力，对此我十分欣喜。”之后巴顿很快在报纸上读到自己被任命为第 2 装甲旅指挥官的消息。

尽管对于装甲地位的态度摇摆不定且维护骑兵的地位，但巴顿的受命当之无愧。然而，是马歇尔将军发现了巴顿并把他从骑兵部队中挽救出来。巴顿的传记作家拉迪斯拉斯 · 法拉格如此评价马歇尔对于巴顿的重要意义：

在命运的强力指引下，马歇尔上升到了一个在军队中有重要影响力的位置，随之而来的直接结果是，挽救巴顿并让他去开创伟业。毫不夸张地说，如果没有多年来被忽视、排斥的马歇尔显著而迅速的晋升，巴顿将会作为一名退役的上校淹没在大众视野中。

20 年来，巴顿的军事生涯都不尽如人意，令人失望。他花了 14 年才从陆军少校晋升为上校。他把时间浪费在了错误的部队分支——骑兵部队上。当他被所共事的人们深深敬重时，他的支持者也对他情绪化的表现和怪癖颇有微词。有些人把他看作一个富有的社会名流，炫耀财富，公然巴结高层。他用他的个人行为和情绪宣泄残忍地考验着妻子的耐心。但随着战争的阴云汇聚，巴顿把自己的精力和注意力重新集中到新建的装甲师上。1940 年 11 月巴顿将满 55 岁，但是他的命运还在前方等待揭晓。

作为一个有着无穷勇气的人，巴顿在大讨伐和默兹 – 阿贡战役中鼓起勇气面对死亡。在第二次世界大战中，他不顾敌人大炮和飞机的轰炸，坚持到前线带兵。但如他的朋友艾森豪威尔一样，巴顿在面对军事生涯的威胁时没有坚持对坦克的拥护。阿德纳·钱菲担当了预言坦克实力的角色，而巴顿则在骑兵部队享受着舒适而安全的生活。当然也可以说巴顿唯一的一次让步是令人钦佩的审慎（如果不典型的话），他保存实力是为了在第二次世界大战中领兵打仗。不论如何，即便是把“装甲部队之父”的称号让给了钱菲，巴顿仍把他在步兵部队学到的一切满怀激情地投入到了新型的战争之中。

第八章　教之以勇气

> 说实在的，对天起誓，我真的很同情那些将和我们对抗的狗杂种。老天在上，真的。
>
> ——巴顿

1941 年春，巴顿在担任第 2 装甲师的司令官半年后，被授予终身指挥权，并被提升为少将。他的当务之急是为战争训练士兵。在他担任指挥官后，第一个举措是在本宁堡一个树木繁茂的小山里建立一个能容纳全师的半圆形露天训练场。它很快就被人们称为“巴顿碗”。巴顿最早版本的“铁血与勇气”演说就是在这里发表的，这些演说很快就流传开来。其中的一个士兵这样回忆道：

> 我相信今天的巴顿形象产生于他在“巴顿碗”发表演说的第一天。正如一个古老的骑士信条所说的，你必须总是“攻其不备”。他曾这样对我们说：“你必须抓住他们的……踢他们的……”在演说结束时，他说：“我将带领这个师前往柏林，当我们这么做时，我希望你们每辆坦克的履带都能沾上德国佬血肉的腥臭。”

但这不仅仅是演说，还是场表演。巴顿没有一副天生的深沉、洪亮的嗓子。实际上，他的声音有点儿尖，肯定不像好莱坞电影《巴顿将军》里面演员乔治·C. 斯科特沙哑的低音。但他是个懂得使用戏剧性停顿的大师，在他要开口大骂时，他会故意把自己的声音降到最低，使听众们不得不全神贯注地去听他的演说。不仅运用演员的演说技巧，巴顿还努力在士兵面前树立一个令人生畏的形象——他的“战争脸”——这能很好地将他的情感传达给他的观众。演讲的许多元素被他一直反复使用着。其中的一些句子还成为了经典。

★ 兄弟们，最近有些小道消息，说我们美国人想要退出这场战争，不想要战斗，这全他妈是扯淡！美国人喜欢斗争，真正的美国人喜欢战场上的刀光剑影。

★ 美国人热爱胜利者，美国人对失败者从不宽恕。美国人藐视懦夫。美国人只要参赛，就一定要取胜。我对那种输了还笑的人嗤之以鼻。这就是为什么美国人迄今没输过，将来也不会输掉任何一场战争。因为输这个念头对于美国人来说相当可恨。

★ 不要畏惧死亡。人终有一死。没错，每个人都会在他的第一场战争中胆怯。说不怕的人就是个骗子。有些人胆小，但是这并不妨碍他们成为勇士。如果看到像他们一样胆怯的战友英勇奋战，而他们却袖手旁观的话，他们将无地自容。真正的英雄，是即使胆怯也坚持作战的人。有的战士在战场上不到一分钟就可以克服恐惧。大家要记住：敌人和你们一样害怕，很可能比你们更怕！

★ 谁要想活下来，就必须时时刻刻保持警觉。哪怕稍有疏忽，狗娘养的德军就会悄悄溜到你背后，想尽办法弄死你！

★ 军队是一个团队，大家在团队里生活、起居、饮食和战斗。个人英雄主义纯粹是扯淡。那些为《星期六晚报》写这种东西的混蛋，对炮火下真正战斗的了解还不如对狗屎的见识深。

★ 我们有世界上最好的给养、最好的武器装备、最旺盛的斗志和最精良的士兵。说实在的，对天起誓，我真的很同情那些将和我们对抗的狗杂种。老天在上，真的。

★ 我不想听到我麾下的任何一个士兵被俘的消息，除非他们先受了伤。即使受了伤，你仍可以还击。

★ 不是所有的英雄都像传奇故事里描述的那样，军队中每个士兵都扮演着重要的角色……不要认为自己的工作不重要。每个人都有自己的任务，而且必须认真执行。每个人都是这根链条上必不可少的一环。

★ 希望有一天看到，德军屁滚尿流地哀号："我的天啊，又是该死的第3军团，还有那个狗娘养的巴顿！"

★ 我们肯定想荣归故里，我们想让这场战争结束。结束战争的最快方法，就是干掉挑起战争的混蛋们。越早把他们消灭，我们就可以越早回家。回家最短的路，是通过柏林和东京。当我们到达柏林，我要亲手射死那个纸糊的杂种希特勒，就像射死一条蛇那样！

★ 我的手下从不挖散兵坑，我也不希望你们挖。散兵坑只会放缓进攻速度。我们要持续进攻，不让敌人有挖战壕的时间。

★ 我们不仅要击毙那些狗杂种们，而且要把他们的五脏六腑掏出来润滑我们的履带。我们要让那些狗日的德国鬼子积尸成山、血流成河。

★ 我不想听到报告说："我们在坚守阵地。"我们不坚守任何鬼阵地。让德国鬼子去坚守吧！我们要一刻不停地进攻，除了敌人的卵蛋，我们对其他任何目标都不感兴趣。

★ 凯旋回家后，你们将有能力提起一件伟大的事情……30 年后，当你坐在壁炉边，孙子坐在你的膝盖上，问："爷爷，你在伟大的第二次世界大战时干了什么？"你不用尴尬地干咳一声，把孙子从一个膝盖移到另一个上，吞吞吐吐地说："啊……爷爷当时正在路易斯安那铲粪呢。"

这些形象生动而又脏话连篇的励志演说让他赢得了广泛关注，也招致了一些反对者，但巴顿还做了很多关于作战策略、战术、纪律方面以及如何进行新的致命的装甲战方面的演说去教育他的军官和军队：

★ 在我看来，你的士兵和军官都恪守军纪……你不能只在大事上遵守军纪，而在细节上松懈自我……骁勇善战却军纪涣散的军队是赢不了那些骁勇善战而又军纪严明的军队的。

★ 装甲师是迄今为止人类所发明的最有力量的组织……装甲师是一支执行游击任务的队伍。我们向前冲、转弯、躲避、再转弯……

★ 当任务失败时，我们必须试着利用自己的想象力作出最好的判断。一个值得遵循的安全法则是，在有疑问的情况下，先做一点尝试，然后接着继续尝试……

★ 每个独立的分队都有一种倾向，那就是想独揽所有功劳。我想说的是，步兵只想射击，坦克手只想冲锋，炮手只想开火……但这并不是赢得战争的方式。如果一个乐队想弹奏一首曲子，先用短笛，再用低音喇叭，然后是竖笛，最后用喇叭，这样弹奏出来的不是美妙动人的乐曲，而是噪音。

巴顿演说的一个特色是幽默，他总是喜欢说脏话和贬低自我：

★ 除了面对敌人死去，我不知道是否还有更好的死法。我希望当我被击中后，我会向前倒下。这样的话，我可以继续开枪杀敌。一战中，我被击中后背！我不想再次被人击中后背。我由于冲锋杀敌而获得一枚奖章，但我必须花很多时间向别人解释我是怎么被敌人击中后背的。

★ 每个人都可以为战争牺牲——尤其是我。

巴顿与别人的交流不仅仅局限于他的演说，他还很注意自己的日常行为和穿着打扮。他努力去树立一副威严的长官形象，一副让大家时刻关注的形象，他的狂妄自大激发了军队的昂扬斗志。1941 年，第 2 装甲师在本宁堡训练场完成训练的那天，巴顿穿着一件他自己设计的颇有特色的新制服出现在大家面前。这是一套两件式深绿色的灯芯绒外套。那件夹克衫是老南方军官的制服样式，一直垂到腰际，衣服的右边是黄铜扣子。裤腿非常瘦小，塞进他那黑色系带的野地靴里。他的头上戴着有护目镜的紧身皮头盔。他左胳膊下的肩膀皮套里插着一把沉重的象牙柄手枪。一向敬仰他的士兵都立刻称呼他为青蜂侠。

亨利·西蒙斯是巴顿手下的一名坦克指挥官，他后来这样描述关于巴顿将军的着装：

他总是穿戴整洁，衣服昂贵。他穿着一条马裤和一双英国制造的靴子，这样的穿着组合颇富特色。他的著名的闪闪发光的头盔内衬是由几十个他的军械人员的大衣做成的。在闪耀的光环附近都是他以前官职的标志，看上去像绚丽的念珠。行军时，他会带着几个旅行包，里面装满了枪和衣服。

1941 年，当美国为可能即将面临的战争未雨绸缪时，为了检阅和指导缺乏经验的士兵，总参谋长乔治·C. 马歇尔下令在田纳西州、路易斯安那州和卡罗来纳州进行大规模军事演习。马歇尔这样说道："我希望大家在路易斯安那犯错误，而不是在欧洲，唯一的办法就是进行试验，如果我们不能成功，那我们必须找出一个让我们成功的方法。"这是美国有史以来最大规模的军事演习。战争看似已经无法避免，一切只是时间上的问题。1940 年年底，美军共有 62 万士兵；仅半年后，由于征兵制的实行，军队人数增长了一倍多，达到 140 万。

6 月中旬，巴顿带领自己的军队驻扎在田纳西州的福雷斯特营，记者们将其称为"美国对德国装甲师的回应"。巴顿称这支军队为"车轮上的地狱"。他认为这是"人类最有力量的一支主力军队"。在第一次演习中，对方步兵竟能减缓巴顿的坦克的行进。这对装甲师来说是一个不小的挫折，巴顿将军的表现不尽如人意，他因为不能很好协调自己的军队而受到批评。在第二次演习中，巴顿重新运用苛刻的骑兵战术，白天进行侦察，晚上进行偷袭。第二天早上 9 点，巴顿的士兵占据了对方指挥所，抓住了对方将军及其参谋人员。两个小时后，裁判员宣布第二次演习提前圆满结束。在第三次军事演习中，巴顿运用闪电战战术，偷偷穿过敌人的防线，仅仅花了 9 小时，对方就被迫投降。最后一次演习中，巴顿的军队包围了敌方部队，切断他们的通信，破坏其大后方。当他们占领塔拉霍马镇，也就是本次演习的目标时，本次演习宣告结束。

尽管巴顿在田纳西军事演习中取得胜利，但由于他没有使用他的装甲师发动集中攻击而受到裁判的批评。巴顿在信中这样回应批评，“批评其实有可能是对人最大的赞美。”当坦克变得无懈可击时，大规模装甲攻击武器成为“一战”留下的一笔遗产。巴顿还对装甲师的任务就是攻击和摧毁敌军这一想法进行了反驳。他认为，应将装甲师当作机械的骑兵部队，深入敌后，扰乱敌方的供给线，从而破坏敌人的步兵和炮兵部队，给自己可乘之机。

巴顿还因为擅离指挥所而受到裁判的批评指责。这个批评是巴顿早已预料到的，但却难以接受。他这样反驳：“难道一个装甲师指挥官一定要坐在那里一动不动，为一个消息等上 3 小时？从地图显示来看，也许他的军队离他那里有 15 公里到 25 公里。”巴顿还指出，一个指挥官应该在一个能看见自己军队执行命令的地方。“他坐在办公桌上不会知道这些情报。”在任何情况下，正如他在一战中的表现那样，上司让他留在指挥所，他公然违反命令，巴顿的天性让他一定要与他的军队在一起。

8 月、9 月在路易斯安那又进行了军事演习（后来蔓延到得克萨斯东部）。大约有 40 万士兵参与演习，其中包括第 1 装甲师。巴顿因为其所部的杰出表现而名声大噪，裁判和观察者都注意到巴顿的军队无情地折磨着他的对手。在写给潘兴的信中，巴顿这样说道："在 10 次军事演习中，每次我的部队都完成了目标。"巴顿还这样吹嘘道："我相信不管是在成功上，还是在行动的次数上，这都是一个全新的记录。"

卡洛·德斯特这样描述巴顿领导的军队在路易斯安那演习的情况：

他用他惯用的方法来激励他的军队：热情、鞭策和模范作用。当他的坦克没有汽油时，军队在当地加油站付现金来加油（这钱或许是巴顿付的）。巴顿的行军让军队超出指定的演习地点，由于他按自己的方式行事而导致裁判的愤怒。巴顿很少微笑或反驳说他不知道战争中的规则。赢得战争才是最重要的，他不在乎付出什么代价，只要能打败敌军就行。

9 月在加利福尼亚举行军事演习。巴顿这次的对手是以前在夏威夷的长官休·德拉姆，在第一天演习的最后一个阶段，德拉姆在一个路障旁被巴顿的军队抓获。当被带到后方时，他料想到会与巴顿见面，这对德拉姆来说是个耻辱，演习的总司令麦克奈尔将军要求他们释放德拉姆。也许是为了避免德拉姆再次遭受羞辱，麦克奈尔称德拉姆是不会那么容易被抓获的，德拉姆的释放自然让演习得以继续。然而，这件事不可避免地缩短了德拉姆的军事生涯，他在几年后便默默无闻地退役了。加利福尼亚的演习于11月1日结束。6天后，一个平静的星期天早晨，日本轰炸了珍珠港。

在军事演习之后不久，美军开始制定加入盟军在北非沙漠的作战计划。但美国人首先需要训练士兵的沙漠作战经验，这需要一个沙漠训练中心和一个司令官。大家对巴顿在军事演习中的出色表现依旧记忆犹新。1942年1月31日，莱斯利·J.麦克奈尔将军举荐巴顿作司令官，并迅速建立军队在沙漠的训练设施。巴顿选择了南加利福利亚的一块地方，离他的家乡圣加百利有2小时车程。训练区域覆盖了广大险峻而荒凉的地方，从加州的印地奥（靠近棕榈泉），一直延伸到亚利桑那州的阿吉拉，100万士兵在那里进行训练。很多新兵听说他们将前往加州时，都幻想着美丽的沙滩和好莱坞的繁华。结果他们被带到荒无人烟的沙漠，而不是美丽的沙滩，欢迎他们的不是明星，而是蝎子。这两万平方英里的训练场是一大片单调的沙漠和山区，到处都是仙人掌、硬毛刷、豆科灌木、响尾蛇和长耳大野兔。这里被人们称为"小利比亚"，但大多数士兵称它为"被上帝遗忘的地方"。

巴顿规定所有的士兵必须背着装满东西的包和步枪，然后在10分钟内跑完1公里。他只允许自己的士兵每天喝一壶水，吃最少的食物。他希望自己的士兵能适应沙漠那折磨人的温度，白天即使是树荫下也可达到华氏130度高温，晚上温度则低至零下，仿佛进入冬天。

巴顿把自己的训练方法写在一篇名为"沙漠战战术和技术的笔记"里：

★ 很可惜大多数人和士兵认为我们拥有丰富的物资，就一定能赢得这次战争。我认为我们必须依靠鲜血、牺牲和勇气才能赢得这场战争。

★ 赢得战争靠的是勇气而不是机器。

★ 为了让士兵能自告奋勇，我们必须在最大程度上发扬团结精神。因此，拆除制服上的特色徽章和肩章对我们来说是非常有害的。要让自己心甘情愿地自我牺牲，正如我们许多人必须这样做一样，我们就不仅要对自己的国家充满自豪感，也需要对自己的军队充满自豪感……罗马人有他们独特的标准，高卢人同样如此。

★ 与军纪、用合适的武器击中合适目标的准确性和速度性以及想接近敌人并打败他们的欲望比起来，军队队形和装备并没那么重要。

艾森豪威尔从华盛顿给巴顿写信，信里哀叹自己被困在办公室工作，并预言巴顿在以后的战争中会成为“黑杰克”潘兴。巴顿回复说，他随时欢迎艾森豪威尔来做他的助手或是自己做他的助手。

巴顿领导军队的一个指导原则是：与敌人相比，他的军队应当更害怕他们自己的司令官。卡洛·埃斯特提到，在沙漠训练中心发生的一件意外之事表明巴顿实现了这个目标。

为了保证他的军队时时刻刻保持警觉，巴顿经常尝试潜入自己戒备森严的军营。一天晚上，他和中尉威廉森在外面巡逻，他派中尉去看看他的守卫是否知道他的任务。当守卫被问到希望哪里出麻烦时，他直指巴顿军营中心的总部，并回答说希望那里发生麻烦。巴顿听到他们的谈话后，开始笑起来，挥手向威廉森告别并说道："那个人懂得他的职责。"

1942年7月30日早上10:45，巴顿在印地奥的办公室中接到一个电话，这让他进一步履行并完成自己的使命。"将军，我奉马歇尔将军之命打电话给你。希望你能尽快从训练中心出发，他想在华盛顿见你。"巴顿被告知将离开印地奥一段时间；实际上，他也许永远也不能回到沙漠训练中心。这通电话开启了巴顿新的军事生涯，让他成为美国史上最有名的战斗将军。拉迪斯拉斯·法拉戈这样说：

这是一年里沙漠中最热的一天，温度计的指示温度高达华氏120度。巴顿独自坐在空荡荡的办公室里，这个寻常的早上异常的宁静，没什么大事发生，伴随他的是空调单调的嗡嗡声。凭着他自己敏锐的感觉，他突然意识到这个电话将是他人生的一个转折点……挂断电话后，他举行了一般在他听到重要消息或是事业重大转折之时才做的仪式——他双膝跪地，心里默默祈祷。

巴顿从不怀疑他在战争中成就一番伟业的愿望会否实现。他一直认为上帝已为他安排好命运，他知道有时他不仅考验着长官的耐心，还考验着上帝的耐心。

当巴顿抵达华盛顿时，他被直接带去与马歇尔将军会面。马歇尔说："巴顿，我刚刚从伦敦带回了我们认为最好的第二方案。在现在这种形势下，我们决心与轴心国对抗。"马歇尔原先的提议是在1942年向欧洲几个有限目标发动攻击，在布雷斯特或瑟堡建立一个桥头堡来缓解俄国东部的压力，但他的这项提议被英国的将军们拒绝了。取而代之的是，他们计划将英军和美军联合起来、一起行动，进攻法国在北非的殖民地。丘吉尔把这个秘密入侵计划命名为"火炬行动"。这次行动必须在1942年10月30日前完成，仅剩下3个月的时间。

尽管巴顿行为反复无常脾气也很暴躁，马歇尔似乎很看重他。马歇尔的官方传记作者这样推测为什么马歇尔选择巴顿来领导"火炬行动"：

> 也许这表明马歇尔内心的遗憾，他从没有机会在战斗中表现自己，所以他要提拔像巴顿和温盖特这些让他难以忍受却骁勇善战的军事怪才。抑或是因为他的脾气或是他火爆的天性，严谨的纪律和长期的压抑，以及从未抑制过的同情心。不管他的理由是什么，他让巴顿去指挥战斗，并看出了巴顿有机会赢得战争。

巴顿要感谢上帝，因为马歇尔选择了他，但法拉戈这样说道："参谋长马歇尔将军决定把'火炬行动'的美军指挥权交给那个'讨人厌的狗杂碎'乔治·巴顿。"

在他们的会面中，马歇尔警告巴顿："你要明白你只能使用分配给你的军队和物资完成任务。"巴顿点头示意，但当他被带到战争学院，展示他的初步作战计划时，他突然告诉马歇尔的助手军队人数不足。“我需要更多的军队和更多的船舰来完成任务。”当马歇尔听到巴顿的反应后，他轻轻地回应道：“命令他立刻返回印地奥。”

就像当初他来华盛顿一样，巴顿很快回到了沙漠训练中心。他苦苦焦虑两天后才打电话给马歇尔，却被告知马歇尔正在忙，没空接他的电话。这样的拒绝让巴顿更加焦急，他试着打了几次电话，却找不到马歇尔。最后被激怒的巴顿无可奈何地打电话给马歇尔的助手约瑟夫·T. 麦克纳尼：“你好，乔，这几天我想了很多，我认为用你那愚蠢的手下愿意交给我的部队，也许我能够完成你的任务。”麦克纳尼负责任地将这个消息转告给了马歇尔，马歇尔笑着说：“命令他马上回战争学院。看见了吗，麦克纳尼？这就是你对付巴顿的办法。”

出发去北非的日子越来越近，巴顿亲自去华特里德医院拜访他曾经的导师约翰·J. 潘兴将军。这位老将军现已 82 岁，一开始他并没有认出巴顿，当巴顿开始说话时，他很快认出了巴顿。巴顿向潘兴表示自己的谢意，感谢潘兴当年给他发展的机会，并带他去墨西哥执行讨伐和搜索潘乔·维拉的行动。潘兴回答说：“我总是可以找到一些勇士，我知道只有极少数优秀的人才能做到。我很开心他们要马上送你去前线作战。我喜欢那些英勇顽强、令人生畏的将军。我希望他们能让你放手一搏。”巴顿离开前，他单膝跪地，吻了下潘兴的手，渴望得到他的祝福。潘兴紧紧握着巴顿的手说：“再见，乔治，愿上帝保佑你旗开得胜。”巴顿这才站起来，敬礼离开。他觉得这是他最后一次见潘兴，但愿潘兴能比他活得长。结果，巴顿此后果然再也没见过潘兴，潘兴于巴顿死后第三年——1948 年去世，死于心肌梗塞和冠状动脉疾病，果然比巴顿活得长。

在出发去北非的前几天，巴顿和他的亲戚们一起吃饭。餐后，数周紧张的备战和指挥的压力让巴顿忍不住口出狂言、破口大骂。他变得有些歇斯底里，他的妻弟小弗雷德·艾耶尔回忆当时的情景时，提及了一个反复纠缠巴顿的噩梦。“这太可怕了。真的太可怕了。我总是看见一个个鬼影，一到晚上就来缠着我。我站在深至膝盖的水里，眼前所见的都是死人的尸体，像一群漂浮着的炸开的鱼，他们全都脸朝上，双眼睁开，肤色惨白。他们都看着我，边漂浮边说：‘巴顿，你这个畜生，这都是你的错，是你害了我，是你杀了我。’跟你说，我真的受不了，天啊，我不会去，我不会去的。”“当然，他还是去了。”艾耶尔写道。

在穿越大西洋的两周里，由于进攻计划早已完成，巴顿感觉十分无聊，内心躁动不安。他用在宿舍原地踏步和使用划船练习锻炼。他教他的手下一些简单的战斗指示：“使用压路机策略，就是先做好行动计划，然后坚持下去。但战术中不要使用压路机策略。攻击他们的弱点，牵着他们的鼻子，然后把他们打得屁滚尿流。”

在穿越大西洋时，巴顿当起了学生，在读到古兰经的复本时，他觉得最好应该了解一下北非的穆斯林人口。4 天后，也就是 12 月 6 日，他这样写道：

40 小时后，我就会在战场上，现在只有这么点情报，而在关键时刻又不得不作出关键决策，但我相信一个人的意志会随着责任的重大而变得更加坚强，有着上帝的保佑，我一定会作出正确的决定。我想我的一生都只为了这一决定性时刻。只有这个任务完成后，我想我才会接着完成人生的下一个使命。只要我认真履行我的职责，一切自有天助。

11 月初，当他们还在海上行进时，巴顿给他的军队写了封公开信：

将士们，我们应该引以为豪，因为我们是美国选出来的最精良的队伍，参与美国史上最大的行动……

当伟大的战争之日来临时，牢记你们以前所有的训练，除此之外，你们攻击的速度和你们的勇气也是你们成功的保证，你们必须取得成功——因为退缩不仅是懦夫的行为，也会导致致命的后果。确实，一旦我们着陆，就已没有后路。美国人是不会轻易投降的。

在你们上岸的前几天，不管是白天还是夜晚，就算是不吃不睡，你们也必须努力工作。你们的一品脱汗水可能换来你们一加仑的鲜血。

世界的目光都在注视着我们，每个美国人都在为我们胆战心惊；上帝一直与我们同在。我们的胜利依靠人类对自由的向往和自我的救赎。我们一定会取得胜利。

“火炬行动”被分为 3 个独立的陆战特遣部队，主要目标是法属摩洛哥的主要港口和机场以及阿尔及利亚。巴顿的西部特遣部队被分配在卡萨布兰卡，11 月 11 日，巴顿说：“多么好的生日礼物啊！”当时他正好 57 岁。卡萨布兰卡战役获得胜利，美军有 337

名士兵和船员死亡，637 名士兵受伤，122 名士兵失踪，71 名士兵被俘。“感谢上帝！”巴顿在日记的结尾这样写道。

之前的一天，他写信给他的新长官艾森豪威尔：“我觉得我成功地完成了您交给我的任务，这支军队完成了不可能的任务……我不得不相信，要么是我运气好，要么是上帝相助。”战斗期间，巴顿丢失了他的无线电接收机，所以不能定时与艾森豪威尔沟通，艾森豪威尔在战斗的迷雾中收到过错误的报告，其中包括巴顿已经休战。艾森豪威尔立刻否认了这一说法：“除非我完全看错了乔治。”

第九章　鲍姆突击队

> 我们正赶往约翰所在之地，或许可以在他被转移之前到达。
>
> ——巴顿致妻子比阿特丽斯的信
>
> *1945年3月23日*

1945年3月22日晚，第3军团的官兵渡过了位于德国奥本海镇的莱茵河河段。令他们感到意外的是，他们并没有遇到敌军。巴顿将军担心公开信息会影响军队取得胜利。于是，次日早晨，他致电奥马尔·布拉德莱，郑重其事地让他对他的军队已过河这件事保密："布拉德，不要把我们已过河这件事告知任何人。"布拉德惊讶地应道："天哪！你是说你们渡过莱茵河了？""当然，"巴顿回道，"我们昨晚一夜潜行越过了一个分水岭。但是在那周围没见到德国佬，德国佬们还不知道我们过河了。所以不要发布任何公告。"当天晚上，德国人发现了巴顿的军队，更为重要的是，巴顿的英国对手——伯纳德·蒙哥马利当时也在准备渡过莱茵河。所以巴顿再次致电布拉德莱："布拉德，请你务必发布公告说我们已经过河了……我要让全世界都知道，在蒙哥马利开始渡河之前，我们第3军团已经过河了。"他大声说道。

次日，巴顿将军抵达浮桥，他的工程师已经在莱茵河上展开施工。他走到桥中央时，突然停住。“我等待这一天已经很久了。”他拉开裤链，对着河撒了一泡尿，此时一位军队摄影师为后人记录下了这一刻。当他到达河的另一端时，他假装蹒跚而行，模仿征服者威廉摔倒在地（在着陆英国时，征服者威廉摔了个出名的狗吃屎，但他迅速抓了一把英国土壤放到自己脚上，从而把凶兆转变成了吉兆，并宣称这预示着他将占有整个英国）。相似地，巴顿站起身来，抓起两把德国土壤，呼喊道：“就是这样，威廉征服者！”那天晚上，巴顿将公告发给了艾森豪威尔将军：“亲爱的同盟国远征军最高统帅部，我已经把尿撒进了莱茵河。务请送些石油过来。”

1945年3月23日，艾森豪威尔写了一封情意暖暖的信给巴顿：

在过去的9个月里，我经常表扬这支联军所取得的伟大成就。自从去年8月1日第3军团开始参战以来，你带领这支军队打了很多漂亮仗，我写这封信，是想亲自向你表达我对你领军方式的深深的敬意。你锻造了一支强大的军队，世界上任何其他一支同规模军队都无法与之相比；而你，作为其中一位战斗指挥官，从非洲战役开始，表现一直都是那么出色。

我们正在步入战争的非常时期，我希望这是最后一场战役，我知道第3军团最后一定会像其在以往战斗中表现的那样果断参与进来的。

在渡过莱茵河的前一周，巴顿将军举行了一场记者招待会，巴顿发表了经典的演讲，这次演讲融幽默、挑衅和亵渎于一体。他宣布，第 3 军团将很快捕获 23 万名俘虏。因为在捕获第 20 万名俘虏时，巴顿被禁止去拍摄他的脸(《日内瓦公约》要求战犯要受到保护，而不能受公众猎奇心理或行为的侵犯)，所以，他说："这次我们要拍他的屁股。"（一周后他们的俘虏达到了 30 万。）巴顿将军也要求记者团帮忙告知德国人，他的四支装甲师正向他们发起猛攻。将此事公之于众并非"为了我，天晓得我得到的已经够多了——我可以升天了，圣彼得也会马上认出我来——这是为了军官和士兵们"。然后巴顿抱怨道："海军陆战队到城里去，报告他们（他们士兵的）死亡的数目，我总是尝试着不丢一兵一将地打仗。"

巴顿将军是一名英雄——对他的士兵来说如此，对他的上级同盟国远征军最高统帅部来说也是如此；对公众和新闻界来说更是如此。在乔治·巴顿的经历里，这只意味着一件事——不妙之事即将来临。巴顿于 3 月 23 日给妻子写了一封信："我真的为我的好运而感到担惊受怕。"他的担忧是对的。或许，即将发生的事件是巴顿将军生涯里最受争议的一段。

3 月 26 日，巴顿命令他的一名下属指挥官曼顿·S. 艾迪少将（曾指挥第 12 军）带领一支远征军渡过缅因河，抵达哈默尔堡镇。巴顿在其回忆录《狗娘养的战争》中写道，"这次远征有两个意义：第一，让他们深信我们正往正东方前进，而我们真正的意图是往正北方前进；第二，解救位于哈默尔堡镇的 900 名美国战俘"。巴顿将军忘记提到的是，要保证释放其中一名战俘，这才是他特别感兴趣的。在前一天，他给他的妻子写信说道："希望明天派一支远征军去把约翰救出来。"

约翰是一名中校，全名约翰·K. 沃特斯，是巴顿的女婿。沃特斯于 1934 年娶了巴顿的女儿比特阿丽斯。作为美国军事学院的一名毕业生和一名装甲兵军官，沃特斯于 1943 年在突尼斯被俘，当时德国军队正在攻击西迪布基德。当得知沃特斯失踪的消息时，巴顿一家气急败坏。巴顿给他的妻子写信，说自己就像亲儿子乔治失踪了一样，“没有比这再糟糕的了”。巴顿从战场上一辆被烧毁的坦克里找到一个子弹夹，并将其交给了沃特斯的孩子，作为他们父亲留给他们的纪念品，以防他永远都回不来了。当巴顿的妻子将沃特斯失踪一事告诉她女儿时，她女儿沉默了一会儿，很快答道：“我相信约翰尼还活着。”她说的没错，几个星期后，他们接到消息称沃特斯已沦为德军的战俘。

在约翰被俘前，巴顿和他在突尼斯有过短暂的相聚。沃特斯指挥装甲师里的一支坦克部队，他告诉巴顿说自己如何死里逃生，因为有一颗子弹打中了他的铠甲却没能伤其皮肉。当巴顿将军得知自己是他在第 1 装甲师 24 天的战斗里看到的第 1 位将军时，他感到很愤怒，这是“体现我们领导能力的一个悲剧”。他嘟囔道。据报道，一名士兵在突尼斯评论道：“这么多人远道而来，指挥官却这么少，这种情况闻所未闻。”

美国在西迪布基德和凯塞林所遭遇的惨重失败，是领导能力上的失败，也是装备差、战术拙劣所导致的后果。事后在关于凯塞林的报告里，美国第 2 军团指挥官劳埃德·弗雷登多尔少将被骂为“婊子养的”，被指并不适合做指挥官。记者后来告诉巴顿将军说劳埃德·弗雷登多尔是道德上和身体上的懦夫。当艾森豪威尔问英国将军哈罗德·亚历山大对弗雷登多尔的看法时，亚历山大简洁地答道："你们肯定有比他更好的人选。"事实上艾森豪威尔是有的。弗雷登多尔被解除指挥权，由巴顿将军代领其职务。颇具讽刺意味的是，这场十足的失败使得巴顿的女婿被捕了，却让巴顿晋升到了指挥官的位置，加速了他的历史性命运的到来。

自 1945 年 3 月 26 日开始，令那些执行此次任务的人感到困扰、同时也为历史学家们所热议的话题是，拯救沃特斯仅仅只是与哈默尔堡突袭任务碰巧撞在一起，还是说，巴顿冒着士兵们的生命危险，强行闯入敌军阵地去解救他的女婿。如评论所说，他的女婿是"我们的血，他的内脏"。巴顿没有在他的日志里提到这次袭击的其他意图。以前，巴顿也曾冒过生命危险，但这次冒的生命危险不同，如有不测，将会导致前所未有的灾难性后果。

巴顿的两名下属马上反对突袭哈默尔堡的主意。第 4 装甲师指挥官威廉·M. 霍格少将，以及第 12 军艾迪少将都认为这次任务"不合时宜、构想欠妥、人员不足——不合时宜是因几天以来，这支队伍已经经历了艰苦奋战，却又被命令去突袭阵营"。士兵们于 3 月 24 日渡过了莱茵河两天后，经过持续不断、日夜不停的几天抗战，才到达美因河。

这次任务将由来自名扬四海的第 4 装甲师的部队来执行。在欧洲战场，曾有两个师获得过总统集体嘉奖，而第 4 装甲师就是其中一个。被选来规划这次任务的是 30 岁的克莱顿·艾布拉姆斯中校，也就是后来美国驻越南军队的司令官以及军队参谋长。艾布拉姆斯最初挑选其老友哈罗德·科恩中校来领导这场突袭。然而，当时的科恩正患有严重的痔疮。巴顿坚持要检查科恩的炎症，一再宣称："那是一个可怜的家伙！"于是没有让他参加这次任务。

科恩被24岁的亚伯拉罕·“阿伯”·鲍姆中尉所取代，他来自纽约布朗克斯区，是一名强壮的坦克手。巴顿告诉年轻的中尉：“听着，阿伯，这次突袭如果成功，我会留意让你获得国会荣誉勋章的。”鲍姆已经在战斗中表现得出类拔萃，获得过两枚铜星勋章和两枚银星勋章。但他是一名犹太人，深入纳粹地区的突袭使他冒着非同一般的个人生命危险。这位纽约犹太人把自己的声望付诸了这支队伍，后来它被誉为“鲍姆突击队”。

亚历山大·斯蒂勒少校是巴顿最为信任的一名助手，曾在一战中充当巴顿的坦克手，这次他也参与到“鲍姆突击队”里。就这次任务而言，他具有一种想必令巴顿感兴趣的资格——他认识约翰·沃特斯，可以很容易地辨认出他来。斯蒂勒心甘情愿地把这当作一个命令——“将军的需要就是命令”。当斯蒂勒同意的时候，巴顿指示他打报告给艾迪，艾迪又叫他打报告给霍格。

霍格把这次突击队的装备告诉了斯蒂勒，说艾布拉姆斯和科恩已经准备好了10辆中型坦克、6辆轻型坦克、27辆半履带车、7辆吉普车、3个机动突击炮和1辆名为鼬鼠的运货工具。然后，霍格问斯蒂勒如何看待这些装备，斯蒂勒说这些武装力量不足以完成这次任务。他预料，这些武装力量将会削减守桥的士兵，而这座桥是他们在归途中所必须跨越的。斯蒂勒说这支突击队足以抵达哈默尔堡，但认为他们不能安然返回。霍格的反应让斯蒂勒心神不宁——他说他并没有期望突击队能安然返回。霍格解释说他完全反对派遣这支突击队。

斯蒂勒然后给鲍姆打报告，鲍姆当时很明显在怀疑斯蒂勒是否会出现在突击队里。斯蒂勒是少校，级别高于鲍姆，但是鲍姆当时正在带领着这支队伍。斯蒂勒力图向鲍姆保证，他只是想找点“刺激和欢乐”。鲍姆邀请斯蒂勒乘坐他的指挥专用吉普车。当突击队即将冲向目的地时，鲍姆再次问他是否参与了这次任务。一位名将的助手参与到一场深入敌后40英里的战斗任务里，鲍姆对于这件事的好奇心并未得到满足。斯蒂勒回复说：“这对于巴顿将军而言是很重要的。”然后他解释说营里的一名战俘是沃特斯中校。

“谁是沃特斯上校？”鲍姆问道。

“他是巴顿的女婿。”斯蒂勒回答道，“你不知道吗？”

鲍姆被问住了。他带领着300名士兵去执行一项异常危险的任务，只是为了救一个人？他瞬间考虑到，在把自己卷入这次任务和承诺执行他的命令之前是否应该制止这次任务。马丁·布拉门森是这样描述这次任务的开始阶段的。

鲍姆突击队在清晨天色还是很暗的时候，对北面发起了一场袭击，然后在混乱中巧妙地逃出了阿沙芬堡。突击队太平无事地行进了20英里，在距离哈默尔堡还有40英里的洛镇，突击队遭遇一支正往西部方向行进的德国小型坦克队。鲍姆的士兵摧毁了12辆德国坦克，继续前进。几英里后，他们击倒了一列防空长队。在至格明登的铁路调车场，他们射倒了十几辆机车。那里也有一座桥，有人在防守，有电报说这座桥已被拆除，实际上是守卫着它的一支德国小军队在鲍姆到来前将桥炸毁了。

这就要求突击队即时制订新的计划。鲍姆带领他的士兵绕道向北行至布尔格辛，这座城市城墙老旧、城门狭窄、街道窄小，但是鲍姆畅通无阻地继续前行。在前往下一个镇（格莱芬多夫镇）的路上，突击队解放了估计有700名的俄国劳工，他们当时正在建设一座桥，桥由德国士兵守卫着。德国人投降了，那群俄国人围着鲍姆的吉普车欢呼雀跃道："美国！美国！"那群俄国人现在佩戴着步枪，步枪是从捕获他们的人手中夺取过来的，他们告诉鲍姆说他们想攻下布尔格辛镇，鲍姆批准了这项提议，条件是要等到突击队经过之后再实行。他也将俘虏的两百名士兵移交给俄国人。

哈默尔堡遭遇猛攻，拉响了德国该地区司令部的警铃，这也是可以预见得到的。许多报道都将突击队的力量夸大到了一个师的规模。一架小型私人飞机在鲍姆所在位置上空盘旋，这架飞机能精确地估算出突击队的规模以及美军所在位置，这让德军得以筹备他们的反攻。

当鲍姆从西部抵达哈默尔堡时，一支德国突击炮部队也从东部进入了该镇，这纯属偶然。这两支军队陷入了一场持续了两个小时的交战中，后来美军击退了对方，并前往敌军监狱。这里的德军指挥官决定投降。一名叫沃特斯的美国战俘挺身而出，愿意将德军监狱部队要向突击队投降的消息传达给突击队。当这支部队举着一面白旗走出监狱时，一名德国守卫向沃特斯开了枪，导致沃特斯严重受伤。同时，鲍姆的一些坦克摧毁了敌营的部分铁丝网围墙，成千上万的战俘得以解放，他们一涌而出，围着突击队欢呼雀跃。敌营里有大概5000名战俘，其中1500名是美国人。

几个小时后，鲍姆尽可能多地把美国战俘装进他的坦克和兵员运输车里。剩下的人被指示在敌营里等待一支更大的军队到来，这支军队大概会在几天内抵达；或者逃入森林，试着退到美军阵地。

但霍格的预料是对的，突击队没有再返回。他们被至少三支德国部队的兵力包围着，在一系列越来越令人绝望的交战中，他们一点一点被摧毁。鲍姆对他的士兵发出的最后命令是“排成扇形散开，三三两两地向西部走去，走自己的路，这样敌军就看不见你们。在敌军抵达这里之前尽可能远地撤离。赶快！”一声令下，鲍姆自己冲进了树林。他一边跑一边将身份识别证扔进了森林里。鲍姆曾听说过很多关于犹太人在纳粹魔掌中被折磨的故事，所以想扔掉标有代表希伯来人的“H”字迹的身份证明。鲍姆和他的大多数士兵们都兴奋了一小段时间，因为他们暂时解救了敌营里的战俘。德国人从来没有发觉他会是这项突袭哈默尔堡的英勇任务的领导者。令他们匪夷所思的是，这场引起了他们如此巨大破坏的突击竟然是一位24岁的上尉所领导的。

巴顿来到鲍姆的病床旁，将铜十字英勇勋章颁给了他。“你的表现相当出色。”巴顿说，“我就知道你是佼佼者之一。”鲍姆回复道：“你知道，长官，我不敢相信你会派我们去执行一项只为了解救一个人的任务。”

“是的，阿伯，我不会那样做。”巴顿说。然后他承诺将鲍姆安全送回第4装甲师，如其曾经请求的那样。当巴顿离开的时候，一名将军的助手告诉鲍姆，说突击队已经被列为最高机密，在讨论这个话题的时候，他需要考虑周到。对于鲍姆而言，这意味着他和他的士兵们都正在“被再次操纵着”，而他们的英雄行为和所作出的牺牲并没有被公之于众。鲍姆也怀疑他没有被推荐获得一枚荣誉勋章只为了避免突袭受到监视。对于这件事，巴顿和军队正设法掩盖。

巴顿说自己并不知道约翰·沃特斯被关在哈默尔堡的敌营里，这似乎与他写给他妻子的信里面所说的内容以及他的助手对他所作的评价相矛盾。3月27日，巴顿写信给比特阿丽斯："昨晚我派了一支装甲队伍在法兰克福市以东40英里处驻扎了下来，那里据说有大概900名战俘。一整天，我急得像热锅上的蚂蚁，因为除了我，每个人都认为这是一次大冒险。我希望这支装甲队伍能起作用。亚历山大·斯蒂勒也在那里。如果我丢了那支队伍，事情很可能会变成另一个样子，但是我不会丢掉它。"两天后，巴顿给他的内弟弗雷德里克·艾耶尔写信说道："前些天我听说战营里面有一个美国战俘……所以我派了一支装甲队伍去营救他。目前我不能获知他们的行动。约翰很有可能在那群战俘里面。如果是这样的话，我乐意承担这次任务。"

当霍格和艾迪都反对巴顿进行突袭的命令时，斯蒂勒对霍格解释道："这位'老男人'下定了决心要解救在哈默尔堡的战俘，他也说了，他的女婿约翰·沃特斯就在其中。"约翰·托兰德写道，美国前往俄国的军事代表团团长约翰·迪恩少将得知了沃特斯和其他美国战俘正被从波兰军营押往哈默尔堡的13B集中营。艾森豪威尔得知这个消息后，又告知了巴顿。当时在场的战俘也报告说在他们撞毁敌营的大门时，带领鲍姆突击队的长官说出的第一句话是："沃特斯上校在哪里？"

沃特斯在鲍姆解救营敌战俘时严重受伤。他得到了一位塞尔维亚医生的救护，这位医生也是和他一起沦为战俘的，他用纸绷带和一把菜刀治疗了沃特斯。“子弹击中了他左边的腹股沟，但是打在了腹腔之下。子弹穿过直肠，把他的尾椎打碎了，他的左髋突了出来。”哈默尔堡于 4 月 5 日被第 14 装甲师再次解放。巴顿派自己的私人医生和两架小飞机把沃特斯送到法兰克福。见到岳父时，沃特斯的第一个问题是：“你当时知道我在那里吗？”这个问题或许泄露了沃特斯的感觉或担忧，这种感觉或担忧指的就是这次突袭是为了他个人而进行的。巴顿回答道：“我不知道你在那里，只是以为你可能会在那里。”沃特斯继续接受治疗，直至痊愈，并于 1946 年恢复到日常工作来，并成为四星上将。

巴顿需要对哈默尔堡突袭负全责吗？巴顿的上级奥马尔·布拉德莱对这个计划有所听闻，他有过失吗？在一封给他妻子的落款日期为 1945 年 4 月 5 日的信里，巴顿写道：“我首先想到的是发一道战斗命令，但我被奥马尔和其他人劝阻了……”在自己的战争回忆录《一个士兵的故事》里，布拉德莱坚持说自己事前对突袭一无所知。“当然，如果乔治针对这次任务询问我的意见，我会阻止他进行这次突袭的。”然而，布拉德莱没有因为巴顿的独立的行动而指责巴顿，这或许表明布拉德莱对这次突袭在事前有所了解，因此也对这次突袭负有责任。布拉德莱没有管教巴顿的原因听起来似乎不对，因为他之前会由于更轻的过失而责罚巴顿。“但是当我谴责巴顿的鲁莽时，我并不是在责备他。”布拉德莱写道，“就失败本身而言，就已经是对乔治最大的谴责了。”

布拉德莱的助手乔·汉森上校的战争日记所述内容，似乎与布拉德莱宣称自己对于突袭事前一无所知相悖。在落款日期为

1945 年 3 月 28 日的一篇日记里，汉森写道：“当巴顿于不久前某天执意进行任务时，布拉德告诉他如果巴顿不卷入其中，他将允许展开行动。虽然他不能阻止巴顿开展这次错误的行动，但是巴顿本人被禁止参与。”

在 1945 年 4 月 13 日于德国赫茨菲尔德举行的一场记者招待会上，巴顿谈到了这次突袭。他解释道，这支突袭队是被“派去误导德军，让他们觉得我们准备前往纽伦堡，但事实上我们是去营救那里的 900 名美国战俘，我们也达到目的了。他们遇到了德国第 2 装甲师和其他两支部队，这表明我们为误导敌军所作出的努力是有效的，因为（如果）他（敌军）把这些部队遣往北方去的话，我们的努力就不会那么快见效。”在他给妻子写信的同一天，记者们想制造出“我试图去营救约翰。我是多么厌恶新闻界”的事件。所幸，哈默尔堡突袭躲过了媒体的特别审查，在这之前，媒体也留意到了巴顿的尴尬处境。就这件事而言，他在很大程度上受益于富兰克林·罗斯福总统的死亡。罗斯福总统于 1945 年 4 月 12 日逝世，罗斯福总统一死，似乎大家对突袭的事毫无兴趣了，这也得益于战后的欣喜。“管他呢！总统死后，你在街上公开处死鸡奸犯，也引不起媒体的兴趣。”

有其他两个原因可能是巴顿发起哈默尔堡突袭的动机。巴顿说担心美国战俘可能会遭到当时正在撤退中的德军的屠杀，因为德军当时已经是在“垂死挣扎”。这一点被证明是没有理由的，但普遍得到认可，特别是在坦克大决战中发生的马尔梅迪大屠杀后尤为如此。巴顿将军也可能是出于好胜心，因为在此一个月前，麦克阿瑟解放了菲律宾的两个战俘营。布鲁门森写道：“据报道称，巴顿曾说过他要让麦克阿瑟看起来像个胆小鬼。”

1945年4月15日，艾森豪威尔给马歇尔将军发送报告解释了这件事，最终也为巴顿作了辩护：

他徒劳无益地派出了一小支远征军，试图解放一些美国战俘。结果是，他救回了25名战俘，丢失了一队中型坦克以及一队轻型坦克。可笑的是，他紧接着在这件事上欺骗审查机构，想以后再提起这件事，但后来他忘记了。这件事现在公之于众了，希望新闻界不要太过小题大做。虽然说这是一件不好的事情，但巴顿说这是一场意外，毕竟，在这件事里，很明显的是，他女婿只是25个被解救的战俘之一而已。巴顿是一名难管教的孩子，但他是一名敢于追求和敢于探索的伟大军事领袖。

应该怎么根据哈默尔堡突袭这件事去评价巴顿呢？这是一次合理的转移敌军注意力而不让他们发觉第3军团向北行进的佯攻吗？还是，这次突袭的主要意图在于解救巴顿的女婿？卡洛·D.艾斯蒂在这件事上，保留了对巴顿最为尖刻的评价：

不管巴顿当时知道什么，哈默尔堡突袭是他所作出的最经受不起辩护的决定，而且，这就像掴自己的耳光一样，近乎自毁（文章里这样描述）。虽然他否认了，但这次突袭不但给巴顿贴上了“说谎者”的标签，也玷污了他的名誉——因为他的部队是首先到达的，他应该竭尽全力去保证他们的生命。相反，他派了307个人去执行一项真实意图是拯救他女婿的任务。

对于巴顿在哈默尔堡突袭这件事情上是否有错，传记作者布鲁门森没有表态。他引用了这场突袭对德国造成的毁灭性打击：

鲍姆突击队破坏了阿沙芬堡－哈默尔堡地带、毁坏了军用列车、摧毁了防空炮、扰乱了敌军行程、摧残了迫击炮、挑起了德军的疑心，并让人们看到了战争的尽头已经近在咫尺。但是，不管是为了佯攻还是为了解救战俘，如果巴顿没有想到沃特斯很可能会在那里，他会派军队到哈默尔堡吗？

或许，对于鲍姆的行为，最好的解释应该来自于鲍姆突击队自身的领导者。在他的书《突袭！巴顿机密任务中所不为人知的故事》里，阿伯·鲍姆写道：

解读巴顿的动机不像看起来那么简单，为了拯救自己家中的一个人，而将士兵置于危险、死亡之地，这似乎是残忍的，是自私的。巴顿后来声称还考虑到别的事情，虽然突袭本身失败了，但其中一些事情在任务执行中得到了解决。巴顿远远不是一位残忍、自私的人。他的忍耐力、毅力、不抱怨的本性，还有他愿意做比被命令去做的更多的事情，都使他备受士兵们的欢迎。巴顿在证明自己的勇气上永远不会疲倦。或许那就是为什么他将士兵派去执行哈默尔堡突袭的原因——因为他本来是想自己去的……

第十章　拯救利比扎马

> 巴顿将军以及美国政府的代表们，我请求你们伸出庇护之手，保护这所古老的奥地利学院。它是欧洲唯一的一所贵族骑术文化机构，甚至也许是世界上独一无二的。
>
> ——西班牙骑术学校校长波达斯基上校

1945 年 4 月末，一架恐慌的飞机向西飞行，试图逃脱苏联军队的进攻。随着纳粹军队的瓦解，德国士兵试图向美国投降，因为他们害怕一旦被俄国人抓住，就会被派遣到西伯利亚做苦役。战俘们也尽量避免自己被送入俄国的监狱。有一个人，他的任务既不是拯救自己也不是拯救他的士兵，而是拯救他的马——西班牙骑术学校的名驹白色利比扎。他是西班牙骑术学校的校长，也是奥地利军队的上校阿洛伊斯·波达斯基，他要求会见巴顿第 3 军团第 20 军的指挥官沃尔顿·沃克中将。

波达斯基恳求沃克帮忙，让那些马免受俄国人的奴役。沃克虽然对此深表同情，但也指出现在战争仍在继续。他说："我很想帮你，但现在却无能为力。"失望的波达斯基只好离开沃克的办公室。但在回军营的路上，波达斯基碰见了一位美国陆军少校。这位少校认出他是1936年奥林匹克运动会上的一名奥地利骑手。那时候，军队拥有部分骑士军官。少校介绍了自己并问道："上校，近来过得怎么样？我有什么能为您效劳的吗？"

波达斯基向他叙述了白色利比扎马的危险境况和自己的担忧。他担心，如果俄国人夺走了那些马，他们可能会被运到俄国，用作役畜，或者更糟，俄国士兵可能为了满足食欲，把马变成他们的食物。波达斯基说明了自己向这位少校的长官——沃克将军寻求帮助未果。这位少校立刻打电话到沃克将军的总部，与一名副官通话，警示他世界上最卓越的马种将要面临灭种。

沃克对这次的重新请求作出了回应，希望通过引起上层领导的注意来拯救那些马。他说："也许我们应该邀请巴顿将军过来观看一场骑术表演。通过这种方式，我们可以为此事赢取更多的胜算。"巴顿将军接受了邀请，准备亲眼见证一场精心准备的，由白色利比扎马表演的"芭蕾舞"。第二天，巴顿将军从德国南部的司令部出发，驾驶汽车前往上奥地利州圣马丁的城堡。1945年1月，由于维也纳遭受空袭，波达斯基将利比扎马疏散到此地。随巴顿将军一起来的是军事次长罗伯特·P. 帕特森，他正好来拜访巴顿将军。也许是为了款待这位前来拜访的高官，巴顿将军才接受邀请来观看白色利比扎马的表演。这两位美国人受到宫廷礼仪般的接待，观看了一场精彩的西班牙白色利比扎马马术表演。

沃克知道巴顿将军是一名骑手，而且对俄国人厌恶感在逐渐增加。巴顿将军很有可能会拯救那些白色利比扎马。巴顿是在马背上长大的骑手。他打马球，骑在马背上狩猎狐狸，还参加过越野障碍赛马。在1912年奥林匹克运动会上，巴顿在23位竞争者中脱颖而出，取得了赛马项目第 6 名的成绩。他也曾在骑兵部队里度过漫长的职业生涯。他写道：“一个骑兵领袖必须对马怀着一份热情，而不仅仅是简单地喜欢马。如果缺乏热情的投入，就没有任何东西能使他对骑马产生必要的兴趣。”

表演完后，波达斯基向巴顿和帕特森致辞。他深知，这是拯救自己心爱的马儿的最后时机，也许是唯一的机会。亲眼观看了这场马术表演后，巴顿将军思绪万千。但他的第一反应是：在世界最动荡的时候，有一群人不是忙着拿起武器反抗，而是忙于训练赛马。那天，他在日记开头写道：

让我感到非常奇怪的是：在世界战乱中，20 多个身强力壮的中青年与大约 30 个马夫一起花费全部时间来训练一群马。他们训练马根据后蹄和缰绳的特定指示来扭动臀部和提高马蹄。虽然我非常喜欢马，但我觉得这事太浪费精力了。

由于在解放欧洲时，巴顿所带领的美国军队付出了巨大的牺牲，他对这所骑术学校想要在二战期间如泡沫般的世界中生存而感到困惑，也就不足为奇。实际上，鉴于巴顿臭名昭著的脾气，也许令人感到惊奇的是，在想起那些驯马师逃避暴力而自己所带领的军队却被迫为他们的利益而坚守阵线的时候，他并没有发火。

波达斯基在巴顿将军面前拽停了马，脱下帽子，行了一个传统的问候礼。随后，他在自己的回忆录里写道：“在奥地利的一个小村庄里，在一个决定性的时刻里，两个人会面了。一个是在渗透着悲痛的战争中获胜的征服者，而另一个则是战败国的一员。”

这位 47 岁的奥地利老上校向嘉宾致辞，并作出以下恳求：

巴顿将军，我现在正式宣布表演结束。非常感谢您和尊敬的帕特森先生以及所有在场的将军们的到来。你们对西班牙皇家骑术学院的参观让我感到非常的荣幸。巴顿将军以及美国政府的代表们，我请求你们伸出庇护之手，保护这所古老的奥地利学院。它是欧洲唯一的一所贵族骑术文化机构，甚至也许是世界上独一无二的。这所学校见证了 16 世纪文化的发展。它是巴洛克时代几乎毫无损坏的建筑的代表。

巴顿随后站了起来，向这位奥地利的东道主致辞。巴顿和波达斯基有许多共同点：他们同是军人，他们都爱马，他们都曾经参加过奥林匹克运动会的赛马项目。巴顿回应说，他将西班牙骑术学校置于美国军队的特殊保护之下。

他在日记里解释了这样做的动机：

无论它看起来多么愚昧，允许任何高度发达的艺术从地球上消失的行为也许是错误的。艺术的愚昧与否，取决于个人的看法。对我个人而言，骑术学校当然远比油画和音乐有趣。

“这正式的宣告远远超出了我的想象。”波达斯基在他的回忆录里深情地说道。

骑士行动

营救那些马并不意味着白色利比扎马术表演的结束。几天前，即1945年4月26日，一支德国情报小组在捷克边境附近的一个狩猎屋向第2骑兵团投降。德国情报组的一些秘密文件和骏马的照片引起了查尔斯·汉考克·里德上校的注意。这其中包括白色利比扎马的照片。里德上校与德国军官一起重新鉴赏了这些照片。德国军官解释道，这些马是从欧洲最优良的种畜中培育出来的。它们已被送到捷克斯洛伐克霍斯托温小镇附近的一个大种马场。在那里，捷克和波兰的囚犯照料着它们。

里德上校决心不让那些马落入正在快速进攻的俄国军队手里，但他面临着一个可怕的障碍——雅尔塔协议。现在捷克斯洛伐克属于苏维埃占领区。里德上校向第3军团总部发信息，请求获得营救行动的批准。巴顿将军迅速回应说："一定要营救，要快。"

当俄国红军离霍斯托温东部仅有大约60英里时，里德提出了大胆的营救计划。他派遣一名报信者前往德国人所在的大种马场，要求他们派出一名代表商讨投降条件。那天晚上，一名德国军官到达第2骑兵团前哨。他是鲁道夫·莱辛队长，是当地的兽医。他被带去见里德上校，同时他提出了一个意见——要求里德上校派一名官员随他回霍斯托温，并与当地的德军司令协商，这两个人会商议好投降条件。里德打电话告知巴顿将军，并派遣托马斯·M·斯图尔特上尉陪同莱辛前往霍斯托温。斯图尔特是第2骑兵团第42侦察中队的军官。他是美国田纳西州一名参议员的儿子。他身上带着一封用英语和德语书写的信，这封是任命他在莱辛的保护下成为美国特使的信，同时这也是他具有与对方商讨投降条件的身份证明。

莱辛和斯图尔特徒步出发，行走了半英里后，来到了莱辛收藏摩托车的丛林地。他们行驶到一位友善的捷克人的农场，将摩托车换成了两匹马。大约午夜时分，他们又继续前进。

旅途最后的18英里路程要穿过一片茂密的丛林。斯图尔特回忆道："那是片茂密的丛林，人穿梭其中，就像是在两堵黑暗的墙中穿行。"作为一名经验丰富的骑手，斯图尔特对自己可以骑在白色利比扎马的马背上感到很兴奋。白色利比扎马是南斯拉夫国王彼得二世最喜爱的马种。当遇上三英尺高的树枝路障时，这位美国骑兵向障碍物冲去，试图越过障碍物。

他的德国同伴知道这附近一条出路，对斯图尔特大喊："它不会跳。"但已经太迟了，警告没起作用，白马完美一跃便跳过了障碍物。

当他们到达种马场后，斯图尔特遇到了更严峻的问题。陆军中校休伯特·鲁道夫斯基是这个农场的负责人。起初他支持这个投降计划，但在莱辛离开后，他改变了主意。鲁道夫斯基是捷克人。现在，他觉得与俄国人商议比与美国人商议获利更多。当莱辛和斯图尔特来到莱辛的住所时，他们发现莱辛的朋友——兽医沃尔夫冈·克罗尔在架冲锋枪。鲁道夫斯基曾经对克罗尔说，如果他和莱辛带美国人进来，他就会把他们三个当成间谍一起枪杀。

当斯图尔特忐忑不安地坐在椅子上度过下半夜时，莱辛试图找到鲁道夫斯基的行踪。几个小时后，也就是4月27日早上，莱辛回来了。他告诉斯图尔特和克罗尔，鲁道夫斯基已经离开了，有可能是去见当地的指挥官舒尔茨将军。随后，莱辛和斯图尔特以及克罗尔一起出发，希望也能和舒尔茨将军见面。第二天，他们会见了舒尔茨将军。斯图尔特知道，太多德国人知道此事的具体情况了，这并不见得是好事。舒尔茨将军坐在桌子的后方，桌子四周坐满了官员，其中之一便是那沉默的鲁道夫斯基。斯图尔特并不认识他。在某个时刻，双方陷入愤怒之中。莱辛气愤地回应："将军，我不是间谍。我是一名德国军官。我不是间谍。"

舒尔茨将军向美国官员做手势，斯图尔特明白这是让他出示身份证明。莱辛解释了这位美国官员出席的原因，并告诉将军他们的首要责任是拯救那些马。他说："竭尽所能地去救那些马是我们的责任。对我们来说，在 1945 年 4 月 27 日或 28 日那天赢取霍斯托温战争并不重要了。这是我们四年前就应该争取获得的胜利。对现在来说，这已经太迟了。"

其中一名德国官员用德语说："阿道夫过时了。"然后德国将军转向美国上尉，并用英语问道："你能带多少装甲车过来？"斯图尔特把将军的话理解为一场精心安排的体面的投降仪式的邀请。在一批装甲坦克面前投降尚且能保留一定的尊严，但在一个单枪匹马的美国人面前投降就是一种耻辱。斯图尔特向舒尔茨将军保证他能带回相当多的坦克和其他交通工具。将军久久地盯着斯图尔特，最后，他写了一张安全通行证给斯图尔特，并向他保证只要有此证件，美国军队在进入霍斯托温的时候就不会有任何的阻碍。

之后，克罗尔也坚持加入拯救种马场的白色利比扎马行动中。在克罗尔的陪同下，斯图尔特返回自己的军队。4 月 28 日的黎明时分，一支包括两辆轻型坦克，两挺机关枪，以及将近70名士兵的工作小组向霍斯托温出发。他们顺利地到达那里。他们在种马场上看到的马包括大约100匹阿拉伯马，其他良种的赛马，数百匹俄罗斯哥萨克马，以及大约250匹白色利比扎马。除了看到预料中的捷克和波兰囚犯以外，他们也看到300名美国囚犯和许多英国囚犯。他们很快就被释放了。

工作小组为了防止种马场遭受反击而做好了准备。4月30日，经过5个小时的激战，工作小组抵挡住了来自德国军队的一次袭击。前来袭击的德国军队并不知道种马场的投降事件。袭击者主要是老人和年轻的小伙子。防御者让数百名囚犯抵挡进攻者，把进攻者压退到丛林里。5月1日，里德上校来到种马场视察。离开前，他告诉斯图尔特说："庞大的德国第11装甲师正朝着这里前进。"里德告诫道："千万别和他们开战。"斯图尔特之后才知道其中的缘由。在里德的精心策划和安排下，整个德国师以及9000名战士投降了。两天之后，第3军团解放了捷克的皮尔森市。第二天，德国投降。里德在皮尔森附近建立了新的指挥部。他坚决不离开此地，除非美国军队发出命令。

5月9日，里德收到通知，巴顿将军已经同意将波达斯基上校调派到他的指挥部。波达斯基在这里可以参观被解救的白色利比扎马。随着欧洲战争的结束，捷克人和俄国共产主义者对这些白色利比扎马产生了极大的兴趣。人们坚信有间谍曾被派去种马场侦察情况。里德建议应该将那些马尽快运到德国中部。第3军团指挥部同意这个建议。5月12日黎明，运马行动开始。

美国军车领头，随后是列成两排的波兰骑手、捷克骑手和哥萨克骑手。大约350匹马的马群正在远离逼进的苏联红军，朝位于德国南部的美国占领的安全地带前进。此次任务顺利完成，被称为“骑士行动”。一路上，往来车辆都给马群让道。马群前方的所有主要交叉口都被封闭。最快的马群在两天内完成130英里的路程到达曼斯巴克。比较慢的马群也在一天后到达。由于马群从捷克斯洛伐克的边境进入德国，他们被鲁道夫斯基碰见了。他对离境的动物列了一份清单。

1963年2月，在美国退伍军人协会出版的杂志里，一则故事提到了运送马群的护卫队在越境时是如何遇到麻烦的。

“你们不能将这些马带离捷克斯洛伐克，”自称是盟军委员会的代表说，“这些马必须留在这儿，直到我们与俄国人商讨好如何处置它们的办法。”

“先生，你简直疯了，”护送它们的上尉对他说，“一旦俄国人发现了这些马，它们就会消失了——”

“抱歉，”这位平民耸肩说道，“但是我不能允许你通过——”

“亲爱的朋友，”上尉说道，“停止说话，让路就行了……巴顿将军让你做的事情，你照做就行了。”

据说，当巴顿将军得知此事在边境遇到问题的时候，他大怒：“德国军队不能阻止我们，当然，那些拼凑而成的平民组织也不能。这是肯定的。”

5月14日下午，波达斯基到达里德上校的指挥部。他们共进晚餐。波达斯基告诉里德，他在1936年柏林奥林匹克运动会上观看了他的比赛。里德对此感到惊讶，他曾是美国赛马队的队员，没想到当时给波达斯基留下了深刻的印象。为此，波达斯基以里德的名字来为骑兵学校的一匹马命名。第二天清晨，他们俩坐吉普车来到曼斯巴克，波达斯基确定白色利比扎马属于奥地利畜群，因此，它们可以被送往圣马丁。离开之前，波达斯基想要感谢这位美国人为拯救白色利比扎马所做的一切。“我只是做了一位骑手应该做的，”他回答道，“我相信，如果我们的处境互换，你也会做同样的事情。”

一周之后，一队被俘的德国卡车护卫队停在圣马丁郊外的废弃飞机场。卡车上所载的226匹白色利比扎马将回到奥地利的土地上。为了向美国人表达他们为自己心爱的马儿所做的一切的感激之情，在接下来的几个月里，波达斯基为美国士兵们登台表演。1945年8月21日，巴顿将军第二次观看了他们的表演，成千上万的美国士兵也在现场观看表演。波达斯基自豪地宣告：“利比扎马的胜利，美国陆军将军的胜利，以及普通士兵的胜利都会继续下去。他们都是受人们喜爱的。”

1963年，沃特·迪斯尼公司发行了一部关于拯救白色利比扎马的电影《白马的奇迹》。这部影片主要在维也纳拍摄，其中包含了对巴顿将军和波达斯基的描述以及波达斯基精心准备的马术表演。电影以人们的邪恶和无知威胁着古老的文化和长久的价值观为主题，这与迪斯尼公司在20世纪60年代发行的影片（《飞天老爷车》《飞天老爷车续集》《万能金龟车》）所反映的主题不同。《白马的奇迹》这部电影使拯救这些白色骏马的巴顿将军广为人知。

在残酷的二战中，人们最终以拯救白色利比扎马展现了对人类行为循环的讽刺——我们并不是通过人与人之间的相处来体现人类至高的仁道，而是通过人与动物之间的相处来体现。当里德上校被要求解释拯救白色利比扎马所潜藏的风险、士兵们所需的勇气，以及个人所需付出的牺牲时，他作出一个明确而深刻的回答："我们厌倦了死亡和破坏，我们想做一些美好的事情。"退役之后，里德购买了一匹他曾经营救过的马的后代。退役后的30年里，他每天都骑着这匹马。

那一年年末，巴顿将军在一次车祸中受了重伤，一位受人敬重的神经外科医生——R. 格伦·斯普林被空运到海德堡，照料巴顿将军。这位51岁的肯塔基人在珍珠港事件不久后便离开自己在路易斯维尔的工作去为国家服务。战争期间，斯普林被派往欧洲，成为两大首席神经外科顾问之一。

斯普林陪同巴顿将军的妻子比阿特丽斯乘坐C—54号航班飞越大西洋。1945年12月12日下午4点，斯普林给巴顿将军进行第一次体检。他发现，尽管巴顿将军伤得很重，但还没达到不可治愈的程度。在接下来的14个小时里，预后发生了戏剧性的变化。第二天早上10点整，巴顿将军的呼吸变得很吃力。自从受伤以来，病人就像是失去了他所拥有的一切。当斯普林离开巴顿将军的床边时，病人的情况变得越来越严重。

不久，巴顿将军唤来这名神经外科医生。当斯普林回到将军的房间时，房里只有他们两人。"坐下吧，上校。"巴顿将军说道。一段幽默的交谈后，巴顿将军谈到了重点："斯普林，现在我们在这场战斗中都相互了解了，我希望你能像男人和男人之间的对话一样来和我交谈。我康复的概率有多大？"

"你比患有颈椎损伤的一般病人要好很多，所以对此我无法给你一个直接的回答。"斯普林闪烁其词。随后，巴顿将军提出一个更直接的问题。这个问题也许可以从侧面反映出巴顿将军是否有活着的欲望。“好的，那我想知道我能再次骑马的机会有多大？”巴顿将军问。

“没有机会。”斯普林犹豫地回答。

“换句话说，”巴顿将军说，“我所能期待的最好结果是半身不遂吗？”

“是的。”斯普林回答。

巴顿将军沉默了片刻，也许他是在沉思着自己活下去的意志。“上校，谢谢您的诚实回答。”巴顿将军说。

巴顿将军孩童时的第一意象就是马。他的父亲曾带他到一个畜栏看一些塞得兰矮种马，巴顿从中挑选了一匹，并为它取了个名字“桃花”。得知自己再也无法骑马之后的第 9 天，即 1945 年 12 月 21 日，巴顿在睡梦中与世长辞。

信仰

Patton

当露丝发现巴顿军营的桌子上有一本圣经时，她很意外，问道:“将军，你读圣经吗？”

“每个该死的晚上。”巴顿回答道。

加利福尼亚圣盖博救主堂小乔治·史密斯·巴顿将军纪念窗

巴顿的祷告远不如脏话出名，但事实上他是位虔诚的基督徒。他的脏话仅仅是引起士兵注意的手段，他的祷告则反映出他对上帝深入且忠诚的信仰。在他的一生中，他每日祈祷，几乎每个周日都会去教堂，甚至在战时也不例外。

凡是读过巴顿日记、信件、演讲和私人文件的人都会为其中他向上帝或是圣经寻求灵感的频率有所感触。巴顿祈祷他能做到最好，在困难的时候祈祷以求慰藉，战时祈祷以求胜利。“没有人能活在可怕的责任之下而不受神的帮助。”他写道。在他面对的许多次考验中，巴顿求助于上帝，找到了宁静。

众人面前的巴顿是鲁莽的，自信的，好夸耀的。然而，在他私下对上帝的祷告中，一个不同的巴顿出现了——一个谦虚的，自我怀疑的，寻求引导的巴顿。对于巴顿来说，上帝不是冷漠无情的存在而是与他建立了私人关系的一个伙伴。而对于他获得的所有重要成就，无论是他进入西点军校还是在战争中取得胜利，巴顿总是感谢上帝。

在人生最初的12年中，巴顿在家接受教育。他的姨妈每天都会读三四个小时的书给他听。他最重要的课本就是圣经。姨妈也读约翰·班扬的基督教寓言《天路历程》给他听。每个周日，姨妈在教堂里背诵公祷书中礼拜仪式的回应时，巴顿就坐在她身边，结果培养了他能重复其中长篇大论的惊人能力。

巴顿的宗教信仰像他的人一样，是独一无二且不能随意描绘的。他的信仰是混合的，他曾写道：“也许上帝靠近的方式没有不同。”但是他反对女儿嫁给一个天主教徒。他大多数情况下是一个传统的基督教徒，但是他坚信有来生并且断言他的前生今世都是一个战士。

巴顿相信，一个人要成功必须有计划、要努力，还要祈祷。一个人在他不能预见和控制的情况下要向上帝祷告以寻求帮助。巴顿认为没有祷告，他的士兵们就会在持续的压力下“崩溃”。祷告不一定要在教堂，可以在任何地方进行。他说，祷告“就像接通来自天堂的电流”，祈祷“就像充电，它能提供力量。”

对于巴顿来说，祈祷是“力量倍增器”——当它与军队结合或为军队所用的时候，会不断增加人为努力的效益并增加成功的概率。从这层意义上来说，祷告与训练、领导、技术或是火力没什么不同。但是巴顿的信念不仅仅是他用于激发部下积极性的可笑发明。他是一个虔诚的信徒，他甚至让他的主牧师向第3军团的每个部队发送关于祷告重要性的培训信。

那些熟读巴顿传记的人可能已经完全领教了巴顿在1944年圣诞节时让第3军团的士兵祈祷天晴的事，但是很少人知道关于祷告的结果有三个互相矛盾的版本——其中两个自称原创作者，是第3军团的牧师。无论如何，坦克大决战时并不是巴顿第一次为战争祈祷天晴。

巴顿的人生和成就与之对战争的天赋、深刻的灵性信仰和对自己使命的信念密不可分。他不是圣人，而且有时他强烈的个性会暴露自己的性格缺陷。但是当他的国家处于不可言喻的险境时，乔治·史密斯·巴顿展现出了征服危险所需要的性格、意志之力，以及对上帝深深的信仰。

第十一章　这是我的使命

> 一个人必须知道他的使命。如果他不知道，那么他就迷失了。
>
> ——巴顿

出生后不久，巴顿就患上了哮喘。他的护士，一个名叫玛丽·斯卡利的虔诚的爱尔兰天主教女人，担心他未受洗礼就夭折，在与孩子独处时偷偷将水洒上他的眉毛，使其接受洗礼。他最后重新接受洗礼加入了他家族的圣公会。巴顿一家自他高祖父罗伯特·巴顿时起就是圣公会教徒，他的高祖父曾在弗吉尼亚的弗雷德里克斯堡是圣乔治圣公会的教区代表。

小时候，乔吉·巴顿会跪坐在母亲的椅子边，在睡觉前背诵他的晚间祷告。她身后的墙上挂着两幅肖像画。一幅是有着白色头发和胡子的忧郁男人，另一幅上的人同样有胡子但是更年轻，头发是棕色的。年幼的巴顿以为他们是上帝和耶稣。他会在祷告时目不转睛地看着这些脸。在他 17 岁生日时，巴顿宣布他以后会成为一个战士而不是消防员。最后他知道了他对着祷告的那两幅画中的人，不是上帝和耶稣，而是罗伯特·E. 李和斯通威尔·杰克逊。数年后，巴顿半玩笑地推测他产生开始军事生涯的想法是因为在这两幅画前做晚间祷告时受到了启发。

南妮阿姨曾经爱慕巴顿的父亲，她比她的妹妹露丝更漂亮，也被认为更有头脑，但乔治·史密斯.巴顿二世选择了与她妹妹结婚，南妮非常沮丧。当新婚夫妇踏上去新奥尔良度蜜月的火车时，南妮出乎意料地到达站台，手里拿着行李。然而，她被告知不需要护花使者。根据家族传说，南妮一直认真写的日记，从那天晚上起就空白了，之后再未写过。

巴顿父亲的蜜月是南妮在他们生命中为数不多的没有加入的场合之一。随着乔吉的降临，南妮将对父亲不求回报的爱倾注于他的儿子身上。

数年后在露丝·艾伦·巴顿的回忆录里，她回想到“南妮姨妈”在家中的角色：

> 19世纪80年代，两个威尔逊姑娘……爱上了……年轻的乔治·巴顿……他最终选择了露丝·威尔逊……1900年当巴顿夫妇终于建起自己的房子时，南妮姨妈……立刻搬来跟他们住在一起。所以，她的一生都跟她唯一爱过的男人住在一起，还照料他的儿子，乔吉。

长大后，巴顿因为担心他会“受到使命的召唤”——一个到教会去的不容拒绝的神圣召唤而焦虑。每天晚上他都向耶稣虔诚地祷告，让他不受到召唤，因为他想成为一个士兵。当他更年长一些的时候，他的雄心不仅仅是成为一个士兵了，而是要成为一个伟大的士兵，他甚至愿意克服他温顺的性子来实现抱负。他在日记里写道："记住你已经将所有都放在了战争上……因此你不许也不能输……如果你没有像个战士一样死去或是没有机会成为一个战士，我会向上帝祷告诅咒你的，乔治·巴顿……永远永远永远不要停止你的野心。你有且仅有一次人生。让它充满荣誉，并准备付出。"他的雄心和他最喜欢的一句圣经中的句子一致，箴言第二十三章，第七段："因为他心怎样思量，他为人就是怎样。"

巴顿有一种强烈的感觉就是他要完成使命。在西点军校时，他写信给父亲，"我知道我的野心是自私的、冷酷的但是它并不是让我懒散的一己私利，它让我鼓足干劲……当然我可能是个梦想家，但是我确信我不是，并且无论如何我会做到最好，实现我所想的——也许错误的——我的使命。"

他所认为的他的使命被更强大的力量所引导。在另一封来自他在西点军校时致父亲的信中，巴顿写道：

> 现在不要以为我不喜欢军队，因为……这里是唯一让我有存在价值的地方。但是我必须要么加入另一个军队然后战斗，要么让这任人宰割的可怜虫（美国）变成一条复仇的龙……这话出自一个还未做成任何事的人之口有些好笑，但是如果我可以，并且有机会的话，我将会在比地区的候诊椅还要大的地方刻上我的名字。

巴顿知道要实现他的命运，他需要上帝提供一场让他施展才能的战争。他在一封上西点军校时写给未来妻子比阿特丽斯的信中说道：

现在说来是件草率的事情，但是如果20年中，没有战争和提升，就会有人说："我想你应该成为全世界的教训？"多么让人心痛啊。但是如果没有梦想家，我深信就不会有什么进步。如果一个人不惜代价地相信他所相信的，梦想可能会实现，但不是必然。当然对任何人来说，这都会是困难的，特别是对于我来说。我没有做过很多值得上帝信任的事，但是滑稽的是似乎我相信自己……如果"上帝赐予"一场战争，我将会名扬天下，否则默默无闻。

1927年，当他年迈的父亲快要去世时，巴顿回忆起父亲是如何让他坚持信仰以及如何一步步地引导他的命运：

他总是对我说，他相信我非常幸运的军队生涯是命中注定的，并且某项特殊的使命在等待着我。他和加菲先生觉得我们文明的终结已经临近，战争是必然。当我为战事越来越少，而我为准备战争花费时间令其他机会白白流失而叹息时，他曾给予我最大的信心，让我相信我将参加史上最伟大的一场战争。他深信如此，我相信他，而且我自己也是那样认为的。

"一个人必须知道他的使命"，巴顿相信，"如果他不知道，那么他就迷失了。我的意思是，一次、两次或至多三次，命运会伸出手，轻拍他的肩膀。如果他有想象力，他会转过身，然后命运会指出他应该选择的岔路，如果他有勇气，他会走下去。"

比阿特丽斯相信她的丈夫注定会有伟大的成就。她在1942年12月2日写道：

我的感觉和你一样，你所有的生活都向着它而去，而在这之前你仍有许多大事要做，上帝会与你同在并会指引你的每一步。我甚至不用像你一样去想你的个人抱负和晋升，因为我确信你被命运打上了标记，并且我愿意等候神的执行。

巴顿曾说自己是“一个在命运的河流上漂泊的乘客”。尽管二战期间的事不时会考验他对宿命的信念，但是他总是作出正确回应。在北非经过一场危险的战斗后，他的飞机差点撞上一座山，巴顿说他非常害怕，“直到想起他的使命，才让他镇静下来。”在西西里岛登陆战役前，他被迫服从英军指挥官伯纳德·L.蒙哥马利将军的指挥，巴顿保持着他的自信，写道，“我比其他人更有能力，而它来自于，因为缺乏一个更好的词来描述，我们必须称之为基于信仰的崇高灵魂——一个对我命运坚定不移的信念。”

尽管他的一生都是虔诚的基督教徒，但是巴顿也对其他宗教感兴趣。在对墨西哥的讨伐中，巴顿第一次遇到了摩门教徒。一些墨西哥土匪总是骚扰在边境建立农场的美国摩门教徒，而美国军队则需要护送这些想要离开的人。巴顿从一个信徒那儿借了一本摩门经，并兴致盎然地读着。他所保护的家庭中，有一个克劳大祭司的家庭。巴顿说这位“老父亲”有至少4个妻子，因为每次他护送一位克劳太太越过边境时，发现她们都是不同的女士。

数十年后，巴顿一家驻扎在夏威夷，他们收到了摩门教徒的邀请，请她们参加在欧湖岛迎风面上举行的派对，以庆祝来自盐湖市几个教会长老的到来。巴顿夫人坐在贵宾席一个沉默寡言、表情木讷的长老身边，她根本没法跟他闲聊。最后她注意到他位子上的身份牌，然后满怀希望地问道："你与善良的克劳大祭司及其妻子们有关系吗？1914年，在我们遇到潘乔·维拉的麻烦时，是上校巴顿将他们护送出墨西哥的。"惊讶的长老转向她然后说道："他是我的父亲，这位女士，克劳大祭司现在是十二信徒之一。"当她的丈夫想要向他解释"十二信徒"指的是摩门教的管理机构时，巴顿夫人挥手让他走开，不想让他破坏自己被招待坐在"基督门徒"儿子旁的喜悦。

第十二章　上帝保佑

> 没有一个人能活在可怕的责任之下，我离不开神的帮助，否则就会感觉力不从心。
>
> ——巴顿

1923年8月23日，在马萨诸塞州岳父岳母的海滨房屋里度假期间，当巴顿夫妇乘坐着双人小帆船航行时，他们听见了三个男孩的呼救，男孩们的船已经翻了。他们赶到正在水里挥舞着手臂的男孩儿那里。当他们把男孩们拉上船时，巴顿的小船吃水太深，随时有沉没水中的危险。他的妻子催促他降帆，然后划船回家，她觉得这比冒着翻船的危险扬帆要更安全。巴顿觉得男孩如果不能及时回到岸边，会染上肺炎。“我们必须扬帆！”巴顿申明道，“我已经尽了最大努力，如果这个船上有任何一个人是值得拯救的，上帝肯定会帮助我们的。”船最终安全到岸。

巴顿因为这次救人而获得了一枚来自财政部的救生荣誉奖牌。他最好的朋友之一，沃尔特·迪林厄姆，写信祝贺巴顿：“一般而言，我准备嘉奖整个家族的英勇，但是我总是想起你的长处是杀人而不是救人性命。了解一个英雄的丰满的形象的感觉一定不错。”

这件事展现了巴顿的终生信念，就是在任何危险的时刻，无论是与敌人在战场上的激烈交战，还是置身于危险的帆船中，上帝都会保护他。在无数的日记、私人信件和谈话中，他不断地表现出将自己的命运交到上帝的手中的信念。

美军和英军进入法属北非，即众所周知的火炬行动，开始于1942年的11月8日。同盟国的计划是进入非洲西北部——摩洛哥、阿尔及利亚和突尼斯——然后东进攻击来自后方的德军。登陆部队被分为三个突击队——西部，中部和东部。巴顿领导西部突击队，目标是卡萨布兰卡。1942年登陆北非之前，巴顿在日记中记录道：

40小时后，我将在战争中仅凭着很少的信息作出重大的决策，但是我相信一个人的精神在责任感和上帝的帮助下会得到扩充。我应该获得它们，而且必须使它们正确。似乎我的整个人生都指向这一时刻。只有当这个任务完成后，我相信我才会迈出命运阶梯的下一步。如果我尽了本分，那剩下的就看老天怎么安排了。

登陆非常成功，巴顿很快就被提升为少将。

感谢上帝是个惯例，巴顿忠诚地遵守着。1942年11月在他的突击队成功登陆摩洛哥后，巴顿说他不得不相信“自己众所周知的运气或更有可能的是上帝的直接介入是存在的”。然后他给他所有的指挥官写了一封信：

我坚信西部突击队在海上或是陆地上执行的危险行动获得巨大的成功，唯一可能的原因是在许多方面被证实的神圣天意的介入。因此，我应该感到高兴，只要条件和状况允许，我们的感激之情就应该立即用恰当的宗教仪式表达出来。

1942 年 11 月 22 日的日记中，巴顿提到了他去教堂的事。“我和凯斯今天早上去做弥撒。我至少有理由花一点时间来感谢上帝。教堂里有许多寡妇，是因为我们而造成的。她们常常哭泣，但是并没有怒视我们。”

巴顿向上帝寻求帮助，不仅仅体现在对付敌人方面，还体现在与高级指挥官和盟军的相处上。巴顿打仗的激进风格有时会和他的上级的风格相悖，上级们通常坚持一种更为缓慢且谨慎的方法。他也会为了相互竞争的集团军之间的补给分配而争吵。在讨论战略的会议开始之前，巴顿会请求上帝给予支持。正如他在 1944 年的 8 月 21 日写给比阿特丽斯的信中说的那样：

我们一天跃进了 70 英里，迅速拿下了桑斯、蒙特罗和默伦，以至于敌人连桥梁都来不及炸毁。如果我能坚持我想走的路，我会成为一个了不起的人……

我们前进得如此之快，这使我相当安全。我唯一的担忧是我的亲人而不是我的敌人。

我会停下来，读一读圣经，以准备接受上帝对我明日争论的帮助，从而让我继续前进。

1945 年 2 月 4 日，巴顿写信给妻子：“你也许听说了我正处于守势，但是并不是敌人将我置于那种境地。在这场战争中我看不到我的将来。有太多‘安全第一’的人主持着它。然而，我以前也有类似的感觉，而且情况总会好转。我会去教堂转转，看看能做些什么……”

有时应对上司对于他激进型战略的反对和英军同盟对供给的竞争，似乎比他必须对付的来自敌人的抵抗还要艰难。他在1944年9月向比阿特丽斯吐露：“如果我只有德军要打，这将会是件简单的事情……上帝让我们远离朋友，我们才能解决敌人。”

巴顿相信抚慰人心的经文的力量。在诺曼底登陆那天，当他焦躁地等待着他加入行动的时机时，他写信给比阿特丽斯：

> 艾克向被占领的欧洲广播，并且做得很好。
>
> 现在这个军队还没有一个队伍参战，事实上我怀疑敌人是否知道它的存在。我们想要让他们大吃一惊……
>
> 我不知道我什么时候能加入……然而以防万一，我已经打包好装备有一段时间了。
>
> 在旁边看着荣誉远离我，就像处在地狱一样，但是我想将会有对所有人来说都足够多的荣耀……
>
> 我想我该读一读圣经了。

巴顿曾以他那具有煽动性的方式鼓励他的朋友约翰·卢卡斯将军读圣经。1944年1月，卢卡斯指挥意大利安齐奥登陆之前，巴顿建议说：“约翰，在这个军队里，我最不愿看到的就是你牺牲，你不可能完好无损地躲过去。当然，你可能仅是受伤。没有人会责备一个负伤的将军。”巴顿指导着忧心的卢卡斯“在情况变得艰难时读一读圣经”。然后巴顿把他的一名副官叫到身边严肃地说：“听我说，如果情况太糟糕，从后面射击这个老男人，但是你敢杀死这个老混蛋试试！”卢卡斯弄清楚这句话的含义后，承认从诺曼底登陆时起就害怕如何向巴顿复命。

巴顿认为，在没有神圣指引之下，承担指挥的责任和承受战争无可比拟的压力是不可能的：

去教堂……在我的坚持下，我们有了一个很好的新牧师。他宣称应该心甘情愿地接受责任，即使会使自己受伤。那种能力是我们所需要的，也是艾克所缺乏的，但是我感觉我不需要。我每日祷告以尽我的本分，保持我的信心，然后完成我的使命。没有一个人能活在可怕的责任之下，我离不开神的帮助，否则就会感觉力不从心。

尽管巴顿使他的军队相信了他们杀死敌人的任务完全符合圣经的教诲，但他私下却屈服于协调基督教重要旨意与战争中可怕的紧急情况间的困难。当回想起在诺曼底登陆后他第一次在欧洲做弥撒时，巴顿在他的日记中写道：“当我们在细雨中跪在泥地上时，我们能清楚地听见炮火的咆哮，整个天空都是执行毁灭任务的飞机……与我们践行的宗教训诫完全不同。”法国乡村十字路口有许多十字架，美军陆军通信兵团发现那是有用的临时电线杆。“虽然十字形的东西决不能被破坏，”巴顿记录道，“我情不自禁地想到了致命的信息正通过电线传送。”

埃斯特是这样描述巴顿面临的最可怕的挑战的：

如何将在圣经、人类生命神圣、杀戮邪恶的训言之下长大的正派年轻人变成一台巨大杀人机器（如装甲师）中的一个有效齿轮，这已足够让他们的母亲退缩。巴顿能够在战场上取得胜利的唯一方法是侵犯美国人天生的正直，通过训练他们杀死想要杀死他们的人而存活下来。在这方面，巴顿做的几乎和其他人一样好，甚至更好。

巴顿想要用一个生动的激励人心的演讲来克服士兵们对杀戮的抵触心理，他已经构思好，只需按照记忆中的内容去表达就行了。演讲成为了他的标签。演讲由圣经、骑士精神、诗歌和战争原则等元素组成。“唯一好的敌人就是死去的敌人。”他让自己的士兵相信，“失误杀不死你，但是一颗射中心脏的子弹或是一把刺入内脏的刺刀会让你玩完……战争不是忍受一场骇人的折磨，而是囊括了所有元素的盛大体验，使得人们能区别于野兽，现在这些元素就是：勇气、自我牺牲、忠诚、互助、忠于职守”。

他私人文件的编辑写道：“巴顿决不忽视最终的目标，以让他的士兵为斗争而准备。他致力于教导他的士兵有效、本能地去厮杀。他在扬声器前喊道：‘兄弟们，我想向你们介绍一个上帝创造的最佳作品——杀手。’”

牧师

巴顿认为牧师对于提升军队战斗力来说是必不可少的，并且他促使他们在其指挥下像其他战士一样努力。“他需要一位在勇气、领导能力和典范上，特别是在做人典范上都高于平均水平的牧师，”第3军团的主牧师，詹姆斯·H.奥尼尔牧师记得，“在打仗的时候，他想让牧师在前线，在士兵垂死之地。我们牺牲了很多牧师，比其他任何一个军团都多。”巴顿对纪律和穿着的标准同样适用于牧师和他们所进行的仪式。所有的牧师都必须着装整洁，妥善安排祭坛，有条不紊地进行仪式。他们需要在最好的状态下“与上帝交谈”。

在巴顿眼里，一个牧师最大的过失是不去帮助已经受伤或垂死的前线士兵。在视察第47团的时候，巴顿因为牧师没有在前线和士兵们一起而咒骂牧师。旁边的目击者提醒到，“当我说咒骂时，我的意思是他用了他丰富词汇量中的一点恶言。”

在他那有效激励和鼓舞士兵的演讲中，巴顿表达了他对牧师特有的敬意：

军团中每一个人都是至关重要的一部分。每一个细小的任务对于整个计划来说都必不可少。如果一个卡车司机突然认为他不喜欢那些炮火哀怨的声音，变得胆怯起来，然后一头扎进沟渠怎么办？他可能对自己说：“他们不会想念我——我只是千万人中的一个。”如果每个人都这么说怎么办？该死的，那我们现在会成为什么样？不，感谢上帝，美国人不说那样的话。每个人都恪尽职守，每个人都为大家服务。每个部门，每个单元在庞大的计划中都是重要的。军械署需要供给枪械，军需官需要补给食物、衣服——因为我们要去的鬼地方没有什么东西可以用。该死的食堂里的每个人，甚至是一个为了防止我们腹泻而煮水的人，都有他的任务。即便是牧师也很重要，因为如果我们被杀而他不在那边把我们埋掉，我们都会到地狱去。

牧师为军队所付出的努力，绝不仅仅是那些事。詹姆斯·H.奥尼尔牧师想起了他亲眼所见的印象最为深刻的一场演讲，巴顿在正值战斗异常激烈之时，向自己的高级指挥官宣布了他反击的计划。他站在一张巨大的地图前，描绘着第3军团如何90度大转弯，阻止德军前进，然后营救被包围在巴斯托涅的第101空降师：

先生们，这是一份极好的圣诞礼物，现在它被交到了我手上，而我将它递给你们。今晚第3军团会转弯然后攻击北方。我更情愿按照计划继续我们向东面的攻击，但是我是一个战士，让我在哪儿战斗，我就在哪儿战斗；让我在哪儿战斗，我就在哪儿胜利。我们有一个令人激动的有利因素。在地面上冲着我们而来的混蛋要比藏在他们的洞里的混蛋更容易消灭。你们到现在为止已经做得很了不起了，但是现在我对你们有更高的期望。

当巴顿总结完，他突然看向大房间的后面然后大叫道，“牧师，你在后面吗？”

“是的，长官，”吃惊的奥尼尔回答道。
“你现在马上去工作。”巴顿咆哮道。

勇气是美德，无论是在学员时还是年轻军官时，巴顿终其一生都悉心培养之。他不断地挑战自己，测试自己的勇气。他最喜欢的关于勇气的描述来自他的私人牧师圣公会的乔治·R. 梅特卡夫。他作为主牧师的助理在1944年11月加入了第3军团。他说："勇气是祷告之后的恐惧。"

在二战之前，巴顿被派往弗吉尼亚的梅尔堡，靠近华盛顿。作为一名定期去教堂做礼拜的人，他坦率地对牧师说布道太长了。"关于我所敬爱的上帝，我从不向任何人抱怨，但是该死的，布道不需要超过10分钟。我相信在那段时间里你能陈述完。"接下来的那个周日，巴顿坐在前排。当牧师开始他的布道时，巴顿招摇地亮出他的手表。不出意料，牧师在刚好10分钟时开始总结他的布道。

数年后巴顿表达过同样的观点，在登陆西西里岛之后，"几天前我和所有非天主教的牧师待在一起，我教训了他们，因为他们在做索然无味的仪式……我告诉他们，我将会解雇在任何话题上超过10分钟的布道者。我可能会被教会联盟拍在地上。"

他不能忍受祷告或布道中的失败主义。他称犯下特别罪名的布道者为"布道台杀手"。巴顿坚持认为"不可杀人"的神职人员对圣经的了解甚至不如他自己。他坚持杀人不是罪——如果一个人为上帝服务的话，并引用《圣经·旧约》中大卫杀死歌利亚的故事来证明。当布道中详述死亡或家中儿子一去不返时，巴顿会立刻表现出他的不满，相反他要求在布道和祷告中强调勇气和胜利。

由于对自己的宗教信念和圣经知识信心满满，巴顿会毫不犹豫地公然反驳牧师的布道，如这篇于1943年为休战纪念日所写的日记中所揭示的：

我们去参加追悼会，在11点到达墓地。牧师正在进行关于奉献和勇气的布道，所以当我把花环放到旗杆底下的时候，我说："我认为奉献不是为了我的国家而死。在我的观念中，我们来这儿是感谢上帝让这些人活着，而不是为死去之人遗憾。"

科伊·埃克隆德是巴顿的一名参谋，他证实了一个有关巴顿对鼓舞人心的布道的执着的故事：

这不是一件虚构的事，一个周日的早晨，如他既往所做那般，在参加完教堂仪式后，他昂首挺胸地走进了我在法国南锡陆军兵营的办公室，在那儿我曾是名高级值勤官。

"埃克隆德，"他问道，"你认识××牧师吗？"

"是的，长官。"我回答道。

"开除那个王八蛋。他不会布道。"

然后我们解雇了他。

巴顿自己在1944年12月的日记中也写了一个相似的故事："到了教堂，在那儿听了一个最差的布道。派人请来主牧师，让他叫这个冒犯者离开，找个新的牧师……"

然而，他也不总是对他牧师的布道不满意。传记作家马丁·布鲁门森描绘过第3军团在法国突围时的一段插曲："巴顿和军需车营的黑人士兵一起去教堂。仪式的高贵和合唱团的音乐让人印象深刻。'黑人布道者的布道是我在这个战争期间听过的最好的布道。'" 考虑到巴顿对自己牧师的标准，那确实是很高的赞誉了。

轮回

尽管乔治·巴顿是一位虔诚的基督教徒，但是他也相信轮回转世。从儿时起他就对前世有种感觉，这种感觉不仅仅是似曾相识的强烈感觉，也并非他饱读史书的产物。他认为自己过往的生命横跨了历史的几个时期，但是始终如一的是——他一直是一名战士。巴顿相信在他死后，终有一日他会重生去领导人们在战争中作战。

巴顿最喜欢的一首诗是华兹华斯的《咏童年往事中永生的信息》(永生颂)，它的主题是永恒的灵魂：

我们的出生，只是沉睡和遗忘：
共我们升起的灵，生命的大星，
本已坠往另一个地方，
又自远处莅临；
不是完全的失忆，
又非绝对的白纸，
曳着荣耀之云，我们是
从上帝那边来的孩子：
天堂迤逦在我们的幼年！

当巴顿还是个孩子的时候，他组织了一场“进攻”，指挥他年轻的兄弟姐妹拿下了一辆废弃的农场马车，他们把马车拉到小山顶上。男孩们蹲伏在马车中，把手中的树枝想象成长矛和箭，抓着木质的酒桶盖子当作盾牌。马车从山上倾斜而下，遇到了毫不知情的“敌人”——一群火鸡。许多敌人被杀死或被碾压。当他的母亲问他究竟在做什么时，乔治回答说，他在模仿著名的约翰战车，约翰在15世纪运用这种方式获得了许多胜利。一个小男孩是如何知道这些的？“噢，我在那儿啊。”他回答道。男孩神秘的回答并不能免去他因为杀死火鸡而应受到惩罚。

德斯特描述了在第一次世界大战中，巴顿“想起”过去生命中的一件事：

巴顿被命令去一个法国的秘密目的地，他从未去过那儿……在临近山顶的地方，巴顿向前倾身并问司机：“是不是营地不在看不见的山的那头，而在向右的地方。”司机回答道：“不，长官……但是那儿向右有一处古罗马的营地……”当巴顿离开营地时，他问一位军官：“你们的剧院就在正前方，是吗？”那位军官回答：“我们没有剧院，但是……在大约300码远的地方有一座古罗马剧院。”

巴顿的孙子回忆起关于轮回的对话，“如果讨论轮回（他最喜欢的话题之一），他会拿出《薄伽梵歌》的片段作为相关证据（‘肯定的是他的死便是生，他的生即为死’），还有他老掉牙的，启示录第三章第十二段‘得胜的，我要使他在我上帝的殿中作柱子，他必不再从那里出去。’”

巴顿的诗

“是怎样的人才会以写诗和用他的枪杀死敌军为乐，同时还引以为傲？”马丁·布鲁门森问道。巴顿一生都对文学感兴趣，包括诗歌。吉普林曾是他最喜欢的诗人。整个二战期间，巴顿都带着圣经、公祷书、《恺撒纪事》和一全套的吉普林的诗作。他能在各种各样的场合引用恰当的诗句。

巴顿的诗都写于他的成年时期。他的作品中最常见的主题是脏话、骑士精神、宗教和战争，有时这些主题会同时出现在一个作品中。他的诗有着混合的特性，最适合当作对人生和战争哲学不加修饰的表达来欣赏，让人能深刻理解他的性格和信仰。《穿过黑暗的玻璃》这首诗，巴顿写于1922年，讲述灵魂、轮回与上帝。

历经痛苦的岁月，
在战争的悲壮与跋涉之中，
我曾奋战也曾死亡，
无数次对着这颗星。
同许多的民族一起，
在全副武装待发之时，
我看见了诱人的愿景，
胜利女神，圣洁庄严。
当在人生轨道上奔跑时，
我曾为初生的猛犸象而战斗，
我曾为开疆拓土而战斗，

我曾聆听飒飒风声，
我已经受到战争的召唤，
以其亘古不变不断变化着的形式，
从高尚灵魂良知的声音，
到兽性的掠夺之欲。
我犯下罪过也承受苦难，
扮演英雄也扮演无赖，
为果腹、颜面或国家而战，
也为每个已死之人而战。
我不能列举我的战役，
因为景象模糊，
我只看到扭曲的脸孔，
感觉到正撕裂的长矛。
也许我刺伤了我们的救星，
刺中了他神圣无助的心。
当我的后世死去之时。
我已在祝福中呼唤他的名字，
在微暗的阴影里，
我们多毛的野蛮人在战斗，
我能在沉思中品生命之血——
在用剑之前，我们先用牙。
然而之后稍清晰的景象中，
在我们的方阵与赛勒斯相遇的地方。
我能感觉到铜色的汗珠，

我感觉长矛变得湿润、滑手，
我听见甲胄碰撞的声音，
在那儿波斯人的飞镖被彻底地拦截。
看着他们的战车，
在重甲步兵径直的长矛下慌不择路。
我看见海堤逐月增长，
就快要够到提尔的城墙，
听见数吨的岩石碎裂，
闻到了东方不熄的火焰，
罗马帝国依旧清晰。
我能看见军队在靠近，
当我们第三辆坦克向前移动时，
短剑对准了我们的敌人。
在一片极热的光秃平原上，
当帕提亚人发射出致命的弩箭，
我们的训练全然白费，
又一次我感受到了痛苦。
我记得刺中我脖颈的箭，
带来的所有的痛苦，
当我躺着死去时，
我刺中了露齿而笑的野人。
又一次我闻到了炙热的花火；
当我的弗兰德平原坍塌时，
长矛刺穿我的内脏，

我正躺在克雷西的土地上。
在无风、刺眼、宁静、
波光粼粼的热带海洋中，
我能看见神奇的泡泡。
在我们放走俘虏的地方。
在半场暴风雨的泡沫之间，
我听见壁垒坍塌的声音，
当子弹瞄准一齐发射时，
给我们的敌人带去毁灭。
我已用枪和短刀战斗，
在红色且滑的甲板上，
在我身体里有什么该死的在燃烧，
我的脖子被绳索勒住。
作为一名将军，
我曾带着穆拉特疾驰，
然而我们嘲笑死亡和数字。
相信帝国的星，
直到我们的最后一颗星淡去，
把我们关在它令人颤抖的黑暗中，
在奥安之路下沉之处，
我们向命运嘶吼。
但是现在在坦克的喧嚣声中，
我蹒跚向敌人走近，
在二十步远的地方脱口说出死亡，

直到照明弹的光变得苍白。
就像穿过黑色的玻璃，
我看见常年的争端，
在我以许多伪装进行战斗的地方，
用许多的名字——但总是我。
当我看时不再盲目，
我精心制作了的东西，
但是就像上帝对我们口角的管束，
我通过他的意志斗争，
所以在无尽的未来，
我都会像往昔一样战斗，
以死来迎接一位战士的新生，
一次又一次地死去。

我们祖先的神

我为能领导你们对抗敌人而高兴，我相信你们不可抵挡的勇气和高强度的训练会带给你们胜利。

带着你的武器全身心地投入，变成一个杀人专家。唯一好的敌人是死去的敌人。失误杀不死你，但是一颗射中心脏的子弹或是一把刺入内脏的刺刀会让你玩完。让每个子弹都能找到它对准的身体——这个身体是属于我们的敌人的……战争不是忍受一场骇人的折磨，而是囊括了所有元素的盛大体验，使得人们能区别于野兽，现在这些元素就是：勇气、自我牺牲、忠诚、互助、忠于职守。

记住这些敌人，那些我们有幸去消灭的人，是优秀的战士，骁勇的斗士。要打败这样的人，你不能蔑视他们的能力，但是你必须对自己的优势有信心……同时也要记住你们的上帝与你们同在。[1]

我们祖先的上帝，古老的神，
我们绵长的战线之神，
在我们握着的他的令人敬畏的圣手之下
统治着棕榈和松针……
大地满是愤怒，
海洋因为愤怒而变黑，
不同的国家都穿上各自的甲胄
阻挡我们的路：
在我们解散队伍之前，
在我们抽出刀剑之前，
耶和华，战争之神，保佑我们！
……………………………………
即使现在他们集中了先锋，
即使现在我们面临争斗，
因你给予了先祖帮助，
现在请给予我们帮助！
充满了标记和奇迹，

[1] 以上三段节选自巴顿在1941年2月向第2装甲师的演讲。

在生死中分明——
耶和华，战争之神，请听一听！[1]

没有经验的美军在与德军的第一场交锋中，在突尼斯卡塞林山口惨败。1943年2月14日，隆美尔的非洲军团的第10和第21装甲师发动了一场针对美军的袭击。第2军团在少将劳埃德·弗雷登道尔的指挥下9天内被逼退到21英里之外，192人死亡，2624人受伤，还有2559人被俘虏或失踪。这场相遇似乎肯定了希特勒对美军参战价值的轻视。

两个星期后，巴顿从弗雷登道尔手里接管第2军团，然后他写了这封信给他麾下的士兵：

我们所有人都已经加入了战斗。但是因为有超出所有人控制能力之外的情况，我们迄今为止都独自战斗。在我们的下一场战斗中，我们将第一次在这片大陆上，让数以万计的美军联合起来服从一个指挥……团结就是力量！

我们的任务……是简单的。我们必须彻底打败敌人。幸运的是，对于我们作为战士的名声来说，我们的敌人配得起我们。德军是一个受过战争训练的老手——自信、勇敢、无情。我们也勇敢。我们有更好的装备，更好的给养，在勇敢与热血沸腾的地盘上，我们和先祖古老的神同在。是我们正义的事业而并非伟大的种族使我们自信，我们不是无情的，不是恶毒的，不是好斗的，

[1] 节选自吉卜林的《行动前赞美诗》。

但那其中隐藏着我们的弱点。

自由和受到保护的人民的孩子过惯了优裕的人生，我们没有像野兽般的敌人一样好战的天性，他们要么战斗要么饿死。我们的勇敢太过消极。我们谈论太多的牺牲，谈论太多为了自由赴死的荣誉。当然我们愿意去死，但是这并不能成为死亡的理由。我们必须迫切地去杀戮，给予敌人——讨厌的敌人——伤痛、死亡还有毁灭之苦。如果我们被杀死，这也不错，但是如果我们足够努力地去战斗，足够凶猛，我们将会活下来。或者会回到我们的家庭，回到我们的心爱的姑娘身边，作为一个胜利的英雄——战神。

我们军队的声誉，我们民族的未来，你们的荣誉，都在你的手里。我知道你们配得上。

在卡塞林山口灾难的下一个月，巴顿领导了美军在加夫萨和盖塔尔的战役。3 月 15 日晚上，他在日记中这样记录他的想法：

可怕的一天……该做的事都已经做了。这还不够，是时候该做全部的事了。现在由其他人决定战斗，我对他们之中任何一个都没有过多的信心。希望我一分为三，能够亲自指挥两个师和军团。布拉德莱、加菲和兰伯特是巨大的安慰。

上帝帮助我，让我务必尽我本分，但是我必须得到您的帮助。我是这儿最棒的，但是仅仅我自己还是不够的。“赐予我们胜利吧，上帝。”

上床睡觉，然后一觉睡到 6 点。

巴顿的军队在盖塔尔胜利了，德军认识到美军在它新的指挥官的领导下不容轻视。

在登陆西西里岛之后，新教徒巴顿开始在天主教教堂做礼拜，如他在一封致岳父弗雷德里克·艾耶尔的信中写的那样：“自从我到达西西里岛之后，我就一直去天主教教堂，很大程度上是因为政治，但是这同样是一种崇拜上帝的方式，因为我认为他在关于如何靠近他的形式上会很公平。”

许多美国人一时间难以将报纸上描述的巴顿带颜色的话语和破口大骂的风格，同他传统的虔诚的基督教徒身份协调起来。巴顿写信给他的妻子，“我收到了一封来自牧师的信……他希望我考虑一下耶稣，并提醒我如果我不这么做会在死后下地狱。我写信给他，告诉他我吃惊于他鲁莽地写了这样一封信给我，因为我甚至是比他还要虔诚的基督教徒。”

他在一封日期为1943年5月30日致伊利诺伊州皮奥瑞亚的唐纳德·M. 泰勒的信中拒绝了基督徒的善意：

尽管报纸极力将我描绘为一个世俗的且不敬畏神的人，但是我持有的宗教信仰或许同你一样。我是一名圣公会的教徒，并且每周日参加礼拜。

我已经收到了许多封信，来自急切想要拯救我灵魂的人们，而就我个人而言，我认为不会有任何危险。

第3军团的主牧师奥尼尔认识到脏话只是巴顿抓住士兵注意力的手段。“当不善言辞的指挥官咒骂在沙滩逗留的战士时，他会这么做，因为他想要立刻被理解，因为他想救人性命。”巴顿的副官查尔斯·科德曼中校坚持认为，尽管巴顿有讲脏话的天赋，但是“我从未听见将军说过一个真正亵渎神的或是下流的故事，他也不鼓励别人说”。

巴顿乐于将神圣与世俗混合。1944年8月，在欧洲战役期间，一位帕萨迪纳市的家族朋友写信给他，请他当他们新生儿子的教父。巴顿回信道：“我对当小迪克的教父感到荣幸之至。该死的，我确信他再找不到比我更虔诚的教父了。”

亨利·H. 西门斯，在两次世界大战中都在巴顿手下做事，他欣赏巴顿独一无二的宗教信念：

从青少年时起，他就一直读圣经，特别是基督的一生和旧约中的战争。他能背诵圣公会的晨间祷告。他的想法，正如他每一天向附近的那些人所表现的那样，反复表现出他的生活由一种信仰上帝的感觉所主导……他在逆境中向上帝寻求帮助，在成功时给予感谢。巴顿将军是一个非同寻常的世俗与高尚宗教的混合体。

科伊·埃克隆德回忆起巴顿对于让虔信者感到震惊这一点很开心：

有一次我护送一群美国国会议员视察战区，他们大约有12人——包括克莱尔·布斯·露丝。我致电巴顿然后护送他们到巴顿的家用拖车上，以便他们接下来的视察。当露丝发现巴顿军营的桌子上有一本圣经时，她很意外，问道：“将军，你读圣经吗？”

“每个该死的晚上。”他回答道。

巴顿的军队登陆西西里岛之后，他参加了位于一个城堡小礼堂的一场私人弥撒，他在日期为 1943 年 8 月 2 日的信中向妻子说道：

城堡中间的部分是在 1000 年前建成的，1040 年，一个诺曼公爵在其中造了一个小教堂。主持弥撒的老牧师告诉我，这是为贵族保留的，但是坚持为我做一场弥撒，所以我独自去了。他想要做一场大弥撒，而我坚持低调，因为不知道规矩，我决定一直跪着。这并不算坏，因为我有一张皇家红色的天鹅绒祈祷椅。他是个很善良的老人，并且他憎恨墨索里尼。

墙上被壁画覆盖，祭坛后方挂满了由镶嵌石做成的照片。耶稣的头像是我所见过最好的。所有的胜利者都向着征服了他们的牧师走去……

鉴于教会的礼仪，巴顿拜访了巴勒莫的大主教。他在 7 月 26 日的日记中记录了这次会见：

拜访了红衣主教。他住在女修道院因为他的宫殿被炸了。他非常矮，相当聪明。他们在教堂内部拍了许多照片。我想亲吻红衣主教的戒指，但是凯斯说，不，只有虔诚者才那么做——他做了。我们进入了一个教堂然后祷告。修道院院长是个法国女人，我们谈论了几句……我感觉他（红衣主教）站在我们这边，而且会对居民有好的影响。

巴顿邀请艾森豪威尔的司机凯·萨默斯比和参谋长鲁斯·布里格斯一起来西西里岛参观。他带领他们四处参观，重点是巴勒莫附近的中世纪教堂。在简单介绍了中世纪的建筑后，萨默斯比写道，巴顿“虔诚地跪着并大声地为军队胜利而祷告，为他家人的健康和家庭的幸福而祷告，同时也祈祷鲁斯和我一路平安。他完全是无私的。”

一位北约前指挥官约翰·R. 格尔文将军讲述了在贝格的巴德温普芬一个历史上有名的德国南部小镇，一个牧师在1945年的一个中世纪教堂偶遇巴顿的事。根据牧师的说法，“作为一个有着如此声誉的人，巴顿在做着非同寻常的事，一个勇士手握笔和纸，安静地画着彩色的窗户。”

祷告对于巴顿来说是极为严肃的，他把在比赛中祷告和在战争中祷告区分得很清楚。当他的女儿们看见他跪下为正在比赛中的马祷告时，她们问他是否在祈祷要赢。巴顿似乎觉得这个问题是对他的冒犯，“那是对上帝的侮辱，”他回答道，“我只是在祈祷尽我所能。”然而，在战争中他总是祈祷胜利。巴顿要求他的孩子每天晚上读几行圣经，然后在早餐时跟他说各自的理解。在听过之后，他会同他们分享自己的想法。

第十三章　灵魂的救赎

> 我想要正式、明确地告诉你，如果你继续言行轻率……我会立刻把你开除。
>
> ——艾森豪威尔给巴顿将军的一封信
>
> 1944年4月29日

1944年4月，就在诺曼底登陆的前两个月，乔治·巴顿将军差点被剥夺第3军团的领导权，他很可能从将军之衔被降级为上校，然后被不光彩地遣送回乡。在会见巴顿将军并亲自通知他之前，艾森豪威尔给陆军参谋长乔治·马歇尔发了如下的电报：

> 我已经给了巴顿一个可以让他亲自把情况向我说明的机会，除非其中出现了一些新的无法预料的情况，不然就目前得到的证据来看，我会开除他，并把他遣送回乡。

奥马尔·布拉德莱同意其长官的裁决："我完全同意艾克把巴顿遣送回乡的决定，我也受够了。"在此前一天，艾森豪威尔早已给巴顿写了一封正式的书信狠狠地谴责了他：

> 我已经一次又一次地警告你不要冲动……并且明确地告知你不要说那些可能会被误解的话……起初在我的坚持下你投身于我的麾下，因为那时我相信你的作战能力以及你在战斗中领导军队的能力。同时我也非常清楚你有一个习惯，为了吸引他人的注意力而使自身戏剧化并犯下轻率的过错。我对你不能管好自己的嘴巴感到厌烦至极，我也开始怀疑你的多方面判断能力，这一能力对于高级军事将领而言是至关重要的。只有等我从陆军部那里得到消息之后，我的决定才会成为最终的决定……我想要正式、明确地告诉你，如果你继续言行轻率…… 我会立刻把你开除。

5 月 1 日早上，紧张不安的巴顿出现在了艾森豪威尔的办公室。艾森豪威尔告诉巴顿，他的反对者们认为就算他是军队中最出色的战术家和战略家，但是他那缺乏判断力的表现使他不适合指挥军队。艾森豪威尔又说，即使是选举年也丝毫不会对巴顿有任何帮助，他已经给他写了一封“狂怒”的谴责信，而且政府也在给他施压。巴顿轻蔑地回答说，如果他被降为上校军衔，他要求在诺曼底登陆日指挥其中的一个突击团。

在离开艾森豪威尔的办公室后，巴顿在他的日记里记录下了这次对话，并总结道：“在这件事情上，我最终的想法是我注定会取得一些丰功伟绩——现在我也无法预知。但是这最后的事件虽在其性质上微不足道，但在其效果上却是如此的可怕以至于这并不是意外事件而是上帝的安排。上帝的意志得到了实现。”

巴顿的救赎是以马歇尔将军给艾森豪威尔一封电报的形式来临的：

这个决定完全取决于你，我认为，而事实上也仅仅是这样的，你不该为了取悦盟军而削弱自己的力量。如果你也认为将巴顿革职的确会影响你的设想，那么你就该继续留用他。无论在任何情况下，我都不希望你在这个时候背负将他降级的责任。如果你认为合适的话，那你就将他遣送回乡吧…… 你只需考虑盟军以及你自己将为胜利背负的责任。其他的一切都无足轻重。

马歇尔措辞巧妙的电报是上级引导下属作出决定同时看起来又没有削弱其权威的绝妙典范。尽管马歇尔很清楚地表明决定的责任仅仅取决于艾森豪威尔，但他也提出了自己的观点，简直就像在传达信息一样。马歇尔知道凭借艾森豪威尔的政治悟性和敏感性，无论其上级的建议表达得如何随意，他都会认真权衡。

几乎毁掉巴顿职业生涯的过错是他于 1944 年 4 月 25 日在英国纳茨福德举办的欢迎美国大兵俱乐部开幕式上所说的话。这个俱乐部是由英国当地的志愿者创办的服务性机构。当女主持人向到场的五六十人，大多数是当地妇女，介绍巴顿的时候，她说："巴顿将军这次不是以将军的身份来的，他会用纯粹友好的方式和大家交谈。"巴顿误以为那儿没有记者在场，又或者是他"友好"的言论不会被记录下来。但是他的两个猜想都错了。

他作了一个典型的巴顿式演讲，其中掺杂了各种亵渎因素以及对政治漠不关心的态度，并且他还笨拙地试图讨好他的女性听众。"我仅有的表达欢迎的经历就是欢迎德国和意大利大兵去地狱，在这方面我还是相当成功的。"他自吹自擂道，"我觉得像这样的俱乐部还是有真正价值的，因为我相信萧伯纳先生所说的…… 英国人和美国人是共用一种语言的两个民族，所以很显然地，命中注定，统治这个世界的是英国人和美国人，当然了，还有俄国人，因此我们越是了解彼此，我们就越能更好地完成我们的使命。”最后，他还补充道：“我们的士兵见到或认识英国姑娘的时候，就会立马写信回家告诉我们的姑娘你们是多么的可爱，我们的美国姑娘越是嫉妒就会越发地促使这场战争尽快结束，而我也将有了去消灭日本的机会。”

当次日一则新闻刊登在英国报纸的时候，巴顿才知道当时有一位记者在场。然后这则新闻逃避了审查并被通讯社捕捉到。当消息传到美国时，它给人们的印象是巴顿已经预测到英国和美国（而不包括他们的盟国苏联）注定要统治战后的世界。

政客和报社编辑们不会放过这个机会来猛烈抨击巴顿的英美统治世界的建议。（历经磨炼的巴顿很聪明地没有当众说那些后来对他岳父弗莱德·艾耶尔，说的那些话——任何人，只要他希望俄罗斯人统治这个世界的任何一个部分都是该死的傻瓜。）《华盛顿邮报》对于巴顿欢迎他的敌人入地狱以及提及英国和美国姑娘表示生气。编辑们说这样的言论“既不高雅也无趣……我们认为中将应该更有尊严地说话，当他们不这么做的时候，他们就应该面临失去他们所领导的人民的尊重和信任的风险。我们认为这已经在巴顿身上发生了。无论作为一名战术家和战略家的他有多少功绩，但是作为一名领袖他暴露了明显的缺陷”。事态不必要地扩大了，社论号召参议院否决一份包括巴顿名字在内的永久晋升的名单。卡尔·梦迪特，一名来自南达科他州的共和党国会议员在众议院控诉巴顿“扇了每个联合国成员一记耳光，英国除外。”

梦迪特故意选择了这一暗喻。在过去的那个 11 月发生了一个臭名昭著的插曲，巴顿给了一位遭受战斗疲劳症折磨的士兵一记耳光。如果没有那之前的丑闻，纳茨福德也许不会引起媒体注意。正如奥马尔·布拉德莱评论的那样："当这样一个当地的大丑闻不是由别人而由巴顿所犯从而立刻演变为全球性危机的时候，我们是否已经错过了些什么？"

事实上之前已经有过两次扇耳光事件。巴顿一度徜徉在人们对他成功登陆并平定西西里岛的祝贺的海洋里。罗斯福总统说："我们所有人都非常兴奋……我表示衷心的感谢与热情的赞许。"英国将军哈罗德·亚历山大说："我不仅真诚地佩服你最近一举拿下墨西拿的壮举，同时我也佩服你在西西里一战中展示的速度和技巧。你的国家将以你为荣，我也为我麾下能有这样精锐的部队而感到自豪。"乔治·马歇尔将军说："你出色地指挥了部队，你们的军官、士兵已经让美国人民对他们的军队引以为豪，对美国的未来信心满满。"

1943 年 8 月 3 日，巴顿得知他将因为"非同异常的英勇表现"而被授予优质服务十字勋章。那天的晚些时候，他参观了在尼科西亚郊外一个收容了很多伤兵的临时医院。当巴顿经过身上没有明显伤痕的列兵查尔斯·库尔的时候，他质问那名士兵为什么会在那儿。他的确没有受伤，库尔回答道："我觉得我承受不了了。"巴顿勃然大怒，他咒骂了那名士兵，骂他是懦夫，命令他滚出帐篷。当那名受到惊吓的士兵被吓得僵坐在那里的时候，巴顿更为恼怒了。他用戴着手套的手扇了库尔一记耳光，抓住他的衣领，在他的屁股上踢了一脚，把他踹出了营帐。

两天后，巴顿给他的指挥官们发布了如下一封备忘录：

我发现有少数士兵借口紧张得无法战斗而去医院。这些人是懦夫，他们败坏了军队的名声，也使同伴们蒙羞，他们的同伴们无所畏惧地去承受战争的危险，然而他们却把医院当作逃避的地方。你们必须采取行动确保这样的士兵不会被送去医院而是好好地尽职。那些不愿意战斗的士兵将被以在敌人面前怯懦畏缩的罪名交由军事法庭审判。

一周后，巴顿到另外一家临时医院微服私访，这一次的场面比上一次还要难堪。在那儿他遇上了21岁的列兵保尔·班内特，他已经在部队服役4年了，之前一直没有任何问题。但是班内特的伙伴受伤之后，他失眠了，对炮击感到越来越不安。他被送往后方梯队，在那儿他拿到了可以帮助他入睡的药片，但他还是很焦虑，担心他受伤的伙伴。次日军医命令他退伍，尽管他央求军医不要这么做因为他还想继续穿这身军装。

当巴顿遇到班内特的时候，这个列兵正缩成一团颤抖着。巴顿问他怎么了。“我的神经出了问题。”列兵啜泣着说。

“你说什么？”巴顿大叫道。

“我的神经出了问题，我再也无法忍受炮轰。”班内特说，仍然在啜泣着。

“你神经出了问题，见鬼，你就是个该死的懦夫，你这个婊子养的。”巴顿说着扇了班内特一记耳光。“别他妈的哭了。我不会让这些吃过子弹的勇士们看你这个杂种坐在这儿哭哭啼啼。”然后他又打了这个士兵，把他的头盔衬垫打飞到隔壁营帐。巴顿转身对着挂号处人员叫道："不要给这个杂种挂号，他一点儿事都没有。我不会让医院塞满了你们这些没胆子战斗的婊子养的东西。"

然后巴顿又转向了颤抖中的班内特说道："你要回到前线，你可能会中枪被杀死，但你必须战斗。如果你不这么做，我就会让你面对墙壁，让行刑队射杀你。"接着巴顿伸手去拿他的手枪。"事实上，我应该亲手毙了你，你这个该死的只会哭的懦夫。"当巴顿离开军营的时候，他还回过头对着挂号处人员大喊道："把那个婊子养的送到前线去。"

公平地说，尽管在如今看来创伤后压力心理障碍症的影响更容易被理解，但在巴顿的那个年代许多人会把"炮弹休克"或者"战斗疲劳症"等同于"装病"或者是"怯懦"。巴顿知道惊慌和恐惧会像瘟疫一样在整个军队蔓延。他要尽他所能阻止这一切发生。

除了要在战争中管理一支军队的巨大压力外，巴顿还承担着下令把成千上万的年轻小伙子派到战场上被炸残或者被杀死的重担。在第一次扇耳光事件的三个月前，巴顿在他的日记里这样记录了他的战地医院一行：

1943 年 3 月 23 日

上帝今天帮了很大的忙。我参观了外科医院——非常阴森，奇怪的是人们都盯着我看，生怕我不能跟他们每个人说话。我和每个还清醒的士兵谈了几句话。一个小男孩问："你就是巴顿将军吗？"我说："是的。"他说："噢，我的天呐。"另一个小伙子说："您认识我吧。当我在卡萨布兰卡的军营的时候，您在那里讲过话。"

我告诉他我对他印象很深。

在战争结束后，当她的父亲和母亲访问她工作了两年的沃尔特里德医院的时候，巴顿的女儿露丝·艾伦对她父亲的负担有了一丝的体会。巴顿一行人由医生、高官还有一群媒体记者陪同着。就在进入病房前，巴顿用他戴了手套的左手紧握着他的标志性轻便手杖，转向记者们大叫道："我打赌你们这些该死的贪婪卑鄙的小人跟着我只是为了看看我是否还会扇士兵耳光，不是吗？你们希望我会这么做。"当他沿着截肢病房里白色病床中间的长过道缓缓走下去的时候，所有的病人都神情紧张地盯着他。然后巴顿回到了病房中间，擦去眼泪，对受伤的士兵们说："如果我是一个更好的将军的话，你们中的大多数人就不会待在这里了。"然后他转身快速地走到门口，当他经过的时候，病人们一片欢呼。

在她的回忆录《按钮盒》里，露丝·艾伦回忆了发生在第二次世界大战之前的一个发人深省的事件。当时她的父亲正在教她代数，但她却反抗。

那时已是 11 点了，超过我上床睡觉的时间两个小时了。乔治满头大汗，大声叫喊，我有生以来第一次也是唯一一次感到要发疯了。当我发现止不住哭泣的时候，我便开始拼命地哭泣……他突然转过身来狠狠地扇了我一记耳光，打得我从椅子上跌下来。我也就不再歇斯底里了。他大步走出房间，"砰"的关上房门。我没什么事可做，便上床睡觉了。

巴顿的耳光看起来既不是惩罚的行为也不是愤怒的冲动的宣泄。尽管当时严酷的体罚是被广泛地接受的，但露丝·艾伦仅能回忆起这一件她父亲体罚她的事例。他的事例十有八九反映了他的信仰，那就是一记耳光如果实施妥当的话就是把某人从歇斯底里恢复过来的最好的方式。在这样的情况下，策略的成功可能验证了巴顿的信仰。

在巴顿对班内特发火的前几天，巴顿访问了另一家战地医院，在那儿他见到了几个伤势严重的士兵。一个人受了致命的伤，他的头几乎被炸掉了。“他是可怕的血肉模糊的一团，令人惨不忍睹，或者说我可能会对把男人送到战场上的行为产生怀疑。那样对于一位将军来说将会是致命的。”在扇库尔耳光的前一天，巴顿把紫心勋章别在医院里的40位伤员身上，其中包括一名戴了氧气面罩的垂死的士兵。当另外一名士兵告诉巴顿他的胸口受伤了，巴顿回答说：“嗯，可能你有兴趣知道，我所见的最后一个德国人胸膛和脑袋都没有了。”巴顿后来对一群记者颇具预见性地说道：“我做了很多没有得到人们赞扬的事，但我不是很多人认为的那样是个大杂种。进攻部队的指挥官在巨大的压力之下，可能会做出令他懊悔的事。”

对于巴顿在扇耳光事件中的心理，列兵库尔可能给出了最精辟的评论：“我觉得他自己当时也遭受了一点战斗疲劳症。”作为领导前线的将军，巴顿频繁地将自己置身于炮火和炮轰之中。在第二次扇耳光事件的前三天，巴顿的占地指挥所遭受了德军远程炮火的攻击。在他的日记中，巴顿承认他也被炮轰烦扰，他对自己感到羞愧。库尔的父亲，一个来自印第安纳州米沙沃卡的棺材制造商写信给国会议员，他原谅了巴顿打儿子的那一巴掌并支持巴顿晋升。

巴顿在二战前就经历过战斗，第一次是在 1916 年，参与潘兴将军的讨伐战争，第二次是在第一次世界大战的战壕里。尽管指挥的是坦克部队，他也时不时地试探自己的勇气。当时，在坦克的炮口前发生了一连串有问题的爆炸，致使好几个士兵受伤。接下来的一轮开火在后膛就爆炸了，把炮手的脑袋都炸飞了。士兵都不愿意再开火，为了增强战士们的信心，巴顿亲自开了三次炮。“在我的一生里，没有什么比扣动扳机更让我不愿意做的了。”他承认道。

还有一次，巴顿沿着美国战线激励他的部队，同时也测试他在战火下的勇气。他对他自己展示的勇敢感到满意，直到他注意到一个身影站在比他更为暴露的山顶上。那是道格拉斯·麦克阿瑟，当时 38 岁的陆军准将。巴顿和他一起站在了山顶上，德军的炮火对他们的位置进行猛攻。炮轰持续着，但他们俩之间却没有什么交谈。巴顿后来写道：“我们两个都想逃离，但我们都讨厌说出口，所以我听天由命了。”麦克阿瑟的传记作家这样写道：“巴顿一度想退缩，然后又看起来对自己很恼火，然而准将却冷淡地说：‘不要担心，少校，你不会被逮到的。’”

巴顿于 1919 年 3 月从一战战场回来后，他那天在谢皮受伤的恐惧和战争经历就在他身上留下了印记。在禁酒期间，他在通向厨房的加了盖的通道内储藏了好几瓶自家酿造的啤酒。一天晚上，令全家人惊讶的是，当听到一连串如同机关枪射击声的短暂爆炸声之后，巴顿立马跳到地板上。只听见厨师在厨房里大声尖叫说自家酿的啤酒爆炸了。巴顿的脸立刻红了，解释说那声巨响让他以为处在战争的炮火之中。比阿特丽斯笑着直呼他是她的“英雄”，然后她才发现她丈夫的脸上写满了恐惧。在那一刻她才完全理解了他在战争中所受的创伤。

来自《星期六晚报》、《新闻周刊》、美国全国广播公司以及哥伦比亚广播公司的记者们最终还是知道了扇耳光事件，记者们并没有发表这个故事，而是直接告知艾森豪威尔，在如今看来能这样克制是很难想象的。《星期六晚报》的德马利·贝丝给艾森豪威尔的参谋长比德尔·史密斯发了一封书面报告。这个报告指出打士兵是对军事法庭的冒犯。这些记者并不知道早在两天前艾森豪威尔就从军队医疗人员那儿接到了一份关于这起事件的报告。虽然艾克被这份最初的报告所困扰，但他还是倾向于认为这起事件被夸大了，他打算私下里惩罚巴顿。艾森豪威尔会见了那些记者，他们提出了一个协议：他们会对这件事闭口不提，但作为回报，他们想要巴顿被解任。这次会议揭露了媒体方面强烈的反巴顿情绪。其中一名记者告诉艾森豪威尔：“在西西里至少有5万名美国士兵想要开枪打死巴顿，如果他们有这个机会的话。”另外一名记者说他觉得巴顿已经暂时疯了。

艾森豪威尔拒绝了这个协议。他解释说他早已谴责了巴顿的行为，并给他写了封信命令他为自己的行为道歉。接下来发生了这样的一幕：欧洲盟军最高指挥官不得不向三名记者证明为何他要留任他的将军而置他们的反对意见于不顾：

正是他紧张的情绪和冲动这些特质，才使得他在这样开放的环境中成为了一位了不起的军事领袖……在英勇进军的过程中，能看到如何继续向前对于一位指挥官来说是非常必要的。他越是激励他的士兵们向前就越是在拯救他们的生命。在索取士兵身体最后一点能量方面，他必须无情，对疲劳视而不见。巴顿就是这样的一位指挥官。因此我认为，巴顿应该被留用以应对我们正面临的在欧洲的伟大战役。

艾森豪威尔说，如果他们选择报道这件事情的话，他也不会去审查他们的报告，但他解释说这件事对敌军有着宣传价值，而且会使美国陆军总司令部蒙羞。艾森豪威尔与记者们之间达成的君子协议成功地把这件事压了 3 个月，尽管在军队里这件事已经被广泛地传开了。

但是最终华盛顿的专栏作家杜鲁·皮尔逊得知了这件事，他不是战地记者所以不受陆军的审查。他把这件事写了出来提交给了国内审查部，国内审查部将这件事报告了美国陆军部，陆军部敦促将这件事隐瞒起来，因为它对于士兵们的士气会有可怕的影响。国内审查部认为这些理由太单薄不足以隐瞒这件事，他们同意让皮尔逊一手操作揭露这件事。

1943 年 11 月 21 日，皮尔逊让他全国的听众知道了这个“秘密”，虽然这早已为美国战地记者和成千上万的美国士兵所知，那就是巴顿给了一名正在住院的士兵一巴掌，他也早就被艾森豪威尔将军“狠狠地谴责”了。然而在第二天，一位在阿尔及尔的盟军司令部发言人发布了一份错误的公告：“巴顿将军从来没有被艾森豪威尔将军谴责过。”这样的否认只有在技术意义上才是真实的。因为在军事协议中，根据严格定义的程序规则，谴责是“作为惩罚的一种正式的指责”。先是一封书面通知告知那位军官他所面临的指控，然后被控告的一方必须承认他接受这封信并为其背书，如果他愿意的话他可以自愿受审。但是那份公告显然可以理解为巴顿一点儿都没有受到约束。

艾森豪威尔起初并不知道他的司令部发表了这样的一份否认公告，当他得知这件事后，就坚决纠正这一说法。次日，即 11 月 23 日，那位发言人承认他很“惭愧”，因为他告诉美国人民的话，“不是全部真实的。”

作为美国最为知名的记者之一，皮尔逊开创了揭露公众人物财务和个人不当行为这种收集和揭发名人丑闻新题材的先河。皮尔逊的两名员工就被揭露出为国外组织卖命。大卫・卡尔，皮尔逊的首席助手，在《工人日报》工作了两年。几年后，从薇诺娜项目解密出来的 FBI 文件揭露了卡尔是苏联秘密警察和克格勃的间谍。安德鲁・欧德尔是皮尔逊的另外一名员工，他于 1951 年被证实是间谍。

皮尔逊关于扇耳光事件的广播在报纸、政客以及公民中激起了强烈抗议，他们当中的很多人都是在海外服役士兵的父母。很多报社编辑呼吁让巴顿辞职。来自俄克拉荷马州的代表杰德・约翰给陆军参谋长乔治・马歇尔写信，称巴顿的行为是“卑劣的”，还说他对于巴顿还在指挥第 7 军团感到“惊讶和失望”。在众议院，来自爱荷华州的代表查尔斯・霍文埋怨那些“儿子在服役”的父母们没必要过度焦虑和担忧“无情的长官”是否在虐待他们的儿子。

在每次扇耳光事件过后，巴顿都会对周围的军官说他很可能已经“拯救了一个不朽的灵魂”。在 1943 年 11 月 23 日的声明中，他说了同样的话，那就是他做好了准备接受战争部长亨利·史汀生的责罚：

这封信不是为了我所犯的明显的错误找借口或是请求同情。

我认为在战争中个人利益必须服从军队的利益。

我从来没有为我自身寻求特权或者是豁免权，我也从没给予那些在我手下服役的士兵好处。我尽我所能承担了军队的所有风险。

我喜爱并敬佩那些优秀的士兵和勇士。我讨厌并鄙视那些懒鬼和懦夫。

在面对伤兵的时候我很心软，也很感动。

和所有的指挥官一样，我一直面临着士兵装病的问题。如果不查处，这个问题就会像野火一样蔓延开来……

我视察了300名刚受伤的士兵，他们勇敢地、坚定不移地履行了他们的职责，他们尽管受了伤却依然斗志昂扬，毫不抱怨。

我遇到的最后一位士兵独自一人坐在箱子上，显然是在等待着包扎伤口。我问他哪里受伤了。他回答说他并没有受伤，他只是“无法忍受”，来医院只是为了躲避战斗。

这个狗杂种，他不仅是在逃避责任，他的怯懦也是在迫使那些忠诚勇敢的士兵替他尽责，他的所作所为和那些我刚刚和他们交谈并感动我的英雄之间的反差让我戴着手套扇了他一记耳光，吓唬他，骂他是懦夫，命令他回去全副武装，努力做个爷们儿。

当我离开的时候，我告诉一位跟我在一起的长官说，我希望那个士兵能照我所说的那样去做，那样的话，我就拯救了一个不朽的灵魂。

另一个事件几乎和这个相同……

我刚和100多名受伤的士兵谈完话，最后一位失去了右臂，依然谈笑风生。当我遇到第二个这样对我说“他无法忍受”的兔崽子的时候，我直接给了他一巴掌，咒骂着让他滚出去，并告诉医院把他送回部队。

毫无疑问，我的方法过于直接，但不会再发生这样的事了。

艾森豪威尔将军给我写了一封措辞严厉的信，非常恰当地让我注意我的行为给公众带来的坏影响，并指导我进行一些修正。

我向那两位士兵道了歉。我召集了目击了这两起事件的医疗人员，跟他们解释我这样做的原因，以及我对我这种行为的后悔。我对几个师的每一个人都讲了话，说他们是多么了不起的士兵，向他们解释他们是为了什么而战，并强调我为他们感到自豪。最后，我说如果他们觉得我过于严苛，我向他们道歉，但对于每个我纠正过的人来说，我都是为了他们好，我也表扬了很多人。

其他任何一些关于我的无论是作为一名长官还是一名军人的有偏见的言论都不是真的。

当巴顿写到他在一战受伤的那天他自己也被恐惧所笼罩的时候，他引用了圣保罗给格林多教会写的第一封信里的诗句:“最后的敌人就是对死亡的恐惧。”对于巴顿来说，战胜一个人的恐惧便能得到永恒的救赎。

巴顿从来不会被科技或新式武器所迷惑。他认为战争的胜利是通过那些被上帝点化了的勇士们取得的:

武器的作用在于它们改变了杀戮的形式，不管坦克还是战斧都是如此，武器毕竟仅仅只是武器而已。战争要靠武器来打，但是战争的胜利却要靠人来争取……正是上帝的意旨、勇气大大地鼓舞了参孙（《圣经》中提到的大力士），才使得他在利哈伊取得了胜利——而并不凭借驴的额骨做的武器。

尽管新闻界闹得沸沸扬扬，巴顿一直保持着他对上帝的信仰。在日记中他哀叹道："如果在这场战争中唯一一位成功的将军的命运要取决于诸如杜鲁·皮尔逊这样一个不足以信任的作家的话，那我们的命运真是糟糕透顶。当然了，虽然我很担忧，但我非常自信，上帝会帮我渡过难关……我十分确信我不会就这么完蛋的。"然而，他偶尔也会自怜，就像他日记里揭示的那样。

1943年11月25日

感恩节。我没有什么可以感谢的，所以我就不感谢了。

正如他在困难时期经常做的那样，巴顿向圣经寻求安慰。在那个无可感恩的感恩节的三天后，他写道：

当然，我有点担忧，但比起不安来，我更多的是愤怒。我的想法并没有被公之于众，我的朋友们一定处在水深火热之中。迄今为止我能做的只有诵读圣经，相信命运。我当然不会去看那些刊登在报纸上的污言秽语，我也不会去听那些扯淡的广播。我没有必要让自己白白地消化不良。

当巴顿的上司们正在决定他的命运的时候，同盟国的领导人——罗斯福·丘吉尔和斯大林在德黑兰会面商讨击败德军的策略以及对战后世界的规划。由于不知道在即将来临的解放欧洲的战争中会扮演什么角色——如果还有角色可以扮演的话，巴顿索性去耶路撒冷和马耳他进行了一次观光旅行。

1943 年 12 月 14 日

我们在 7 点乘坐飞机飞往耶路撒冷，飞过了在提奈斯湖南边的运河，就在希伯来人渡过的那条河旁边。

在此次飞行之前，我从来不知道在犹太人渡河的时期，他们完全没有必要涉水，因为从盐湖到地中海是一长片沙漠，没有一点水。然而，他们还是穿越了它，拿破仑也在同样的地点穿越了它，在风向转变的时候还弄丢了他的行李。

我们从大运河开始沿着艾伦比进军的路线飞行，穿越了阿里什干河道，那场战役正是在此发生的。它并不像我从书中读到的那样是一个难以克服的障碍。

贝尔谢巴及其周围看起来没有那么荒凉，当然除了那些水井外，整个国家便是一片盐海，令人费解的是艾伦比是如何让他的装甲部队横穿过去的。

从贝尔谢巴，我们飞越了希伯伦和伯利恒，然后向西飞，飞往耶路撒冷的南面，最终在濒临海岸的亚基着陆，我们在那里搭车行驶了 30 英里到达了耶路撒冷。

把巴勒斯坦称作“肥沃而丰腴的土地”的唯一原因就是，相对而言其周围的沙漠地带少了很多。其实那儿什么都没有，只有贫瘠的石山，上面长了少许几棵勉强维持生存的橄榄树。我们一个蜂窝也没见着，尽管那儿的含羞草倒是不少。

我们一到耶路撒冷就会见了掌管这个地区的D.F.麦康奈尔少将。他派了一位在耶路撒冷生活了很久的英国牧师作导游，带我们观光。

我们由当年这座城市第一次被占领时（1099年）遭到唐克雷德猛攻的那座城门进入这个城市。圣墓大教堂不仅有基督耶稣的墓，同时还有十字架矗立的地方。它是由天主教教徒、希腊人以及科普特人组成的混合团体管理的。一个非常奇怪的机会，又或者是出于英国人的政治洞察力，看门人被发现竟是一个伊斯兰教徒。

让我觉得反常的是，在我游览耶路撒冷的整个过程中，我被四名特工人员保护着，最奇怪的是当我进入墓室的时候，那个特工也跟我进去了。在这样的一个地方，人们一定没那么惧怕遭到暗杀吧。

从墓室出来后，我们去了十字军教堂，那些耶路撒冷的骑士就是在那里被杀死的。这个教堂里的剑可能曾被用于那些战场。在我看来这是假冒的，因为（剑柄）圆头不是正确的形状，重量也不够。十字军的剑的圆头通常是被刻成一块石头或是一块铅的形状，这圆头实际上在早些时候就被固定在那儿了。这个圆头像一个橡子。十字型护手以及刀片的形状才是正确的。

我们又从那里出发前去十字架矗立的地方。在罗马占领期间，大多数的山都被削平了，在这一时期，他们（用石头）填充墓室，并在山上和墓室上建立了金星庙。然而，在十字架竖立的地方应该有一个祭坛。

在这个小教堂里，我为玛丽·斯卡利（巴顿幼年时的保姆）请了一串念珠，并在祭坛开了光。

离开教堂后，我们沿着十字架之路走，这是条肮脏的街道，一直走到了古罗马广场所在地。我认为这距离小于半英里。除了天主教徒所用的耶稣受难经过的画像之外，希腊人也有其他许多景点，因此一位希腊牧师实际上要花一天的时间才能走完这条街道，因为他们必须在每一处停留一下。

我们从那个广场坐车驶向了客西马尼园，那里仍然有着很可能在耶稣受难时期就已经存在的橄榄树。

和少将共进午餐之后，我们回到飞机场，沿着海岸飞回了开罗，途经加沙。尽管我看得非常仔细，我还是没有看到战斗的痕迹，但我的确认出了把坦克卡住的大片仙人掌。我们在黄昏时到达了开罗，用了一天的时间结束了希伯来人花了 4 年时间才完成的旅途。

在耶路撒冷之行过后，巴顿又去了地中海的马耳他岛。他在他的日记中记录下了他的思绪：

我们在 3 点钟到达了马耳他，它与我脑海中的场景大不一样。它几乎完全被村庄覆盖，村庄之间的地方布满了小田地。唯一一处不拥挤的地方是飞机场。

我见到的最有趣的事情就是马耳他骑士团的图书馆。我们由图书馆长带领参观。他掌握了 9 种语言，因此他完全能够翻译图书馆中有收藏价值的手稿。

一本手抄本吸引了我，这本写于 1420 年的书描述了圣安东尼的生活，他一生以美丽女人的形象被魔鬼追求。其中一幅图片中展示了一个军械车间，在这车间里，从1100年初期到1400年间的盔甲都如同当铺里的衣服一样挂在那儿出售。有趣的是大多数历史学家都倾向于按时间将盔甲分类，然而我们亲眼所见的是，直到1400年，所有款式的盔甲仍然在被使用。

另外一个有趣的手抄本是《圣经》最初的印刷版，是木质版本。在这样的情况下，所有的大写字母都被省略了，随后又人工添加上去。

要成为马耳他的骑士，需要16枚贵族十字架，因此任何一个达到骑士要求的，都必须呈递他的宗谱，然后会被高校的学者们研究，如果被证实符合要求，就允许他成为骑士。由于从1100年至今所有骑士的宗谱都保存在这个图书馆中，因此它提供了世界上最完整的家谱。

除了需要16枚贵族十字架之外，一位骑士必须在一艘海上战舰上当18个月的战士，接着还要去医院工作一段时间。

骑士还需要许下四个誓言——清贫、纯朴、谦逊以及服从。清贫要求骑士们把他们4/5的财产交给教会。然而，如果一位骑士足够优秀的话，他就可以从教会那里得到他给出的100多倍的财产，因此大多数骑士都能留下一大笔遗产。尤其在1800年前，这是特别真实的。在那个时候骑士们局限于地中海地区的私掠船业务，并以憎恨土耳其人为借口，劫掠土耳其人以及其他任何他们可以逮到的人。

纯朴不要求强制执行，但有一位大师为了阻止其侍从之间的恋爱行为，要求女孩子住到远离堡垒的海港那一边去，因此要是有骑士想要见他心爱的女孩，就必须划过海港，从而会对他的声誉带来影响。很显然，名声的败坏也有其他骑士推波助澜的因素。

谦逊可以通过给一个穷人洗3次脚这样简单的权宜之计来体现。服从这点则被严格执行。

巴顿总是在寻找他仍然受上帝护佑的迹象。尤其是在困难时期以及在扇耳光事件的那一场风暴中，他受到上帝的护佑以德国炮弹的形式出现了。在一封巴顿于1944年1月11日写给他妻子的信中，他描述道，要不是他停下来拍照的话，他就会站在那个被德国炮弹击中的地方。另外一枚炮弹击中了他之前站着拍照的地方。半个鼻子大小的炮弹掉落在离他脚尖9英寸的地方，还好这枚炮弹已经爆炸过了。这件事令他兴奋不已，他相信这就是他被上帝留下一命来做一些重要的事的神圣标志。

巴顿兴高采烈地跟妻子解释道："准确地说来，我应该被炸死了，因为那4个弹坑离我都不超过30英尺，但我没死更没受伤。这给了我很大的信心。上帝委婉地为我规划好了我的未来。"

第二天，在另一封写给比阿特丽斯的信中，他重申了这一点。"你不知道那离我有多近……这让我精神振奋。我知道人们是需要我的！"他还写道，"拉比·B.R.布里克纳刚才和我待了一个小时，被我的祈祷所感动……总有一天我知道我要做什么。"

像世界上其他人一样，巴顿是在1944年6月6日早上7点收听BBC广播时得知诺曼底登陆的消息的。尽管他没参与这次登陆，但他的缺席就是他在这场战役中扮演的最重要的角色。1944年2月，盟军最高司令部的头头们制订了一个叫作"不屈不挠向南行动"的计划——诱使纳粹指挥官们误以为诺曼底登陆仅仅只是为了把德国守卫军从加莱海峡转移的佯攻。德军得到消息称当桥塔被6个盟军突击师占领的时候，50个师的巨大军事力量都会利用这个突破口。正如英国官方历史上所说的那样，这是“在整个战争史上最复杂和最成功的骗术”。

在诺曼底登陆后的一个月，飞机悄悄地降落在奥马哈海滩附近的飞机跑道上，巴顿坐上了守候在那里的吉普车。当许多陆军和海军将士们赶来看他的时候，巴顿站在那儿发表了一个简短的即兴演讲：“我很自豪能够来到这儿与你们并肩作战。让我们吓破那些德国佬的胆，快他妈的到柏林。等我们到了柏林，我会亲自像打死一条蛇那样打死那个纸糊的该死的狗娘养的。”

士兵们对巴顿的演讲欢呼叫好。很快他得知他将领导第3军团并且他的首要任务是消灭布雷斯特半岛的德国人。巴顿的出现对于敌军来说还是个秘密。他于1944年7月10日给比阿特丽斯写了一封信：“星期天我去参加了一个露天弥撒，令人印象深刻。所有人带着步枪和头盔，在一辆吉普车后的祭坛那儿。履行战斗任务的飞机从头顶飞过，枪声不断……在那一刻你所能做的就是做一个秘密武器。”

艾森豪威尔打算发布一则新闻说巴顿由于“对他的某些轻率不满”而丧失了指挥权，并且在欧洲大陆的主要的进军行动也由于恶劣的天气而推迟了。这一欺骗行为使得德军推迟了一次可能会击溃或者使攻击队伍严重受挫的反击。借着制造巴顿离职的看似合理的理由，臭名昭著的扇耳光事件促成了这次欺骗行动的成功实施。因此这是历史上具有讽刺性的一件事，巴顿将军最伟大的胜利也许是在一场他并没有发挥正面作用的战役中获得的。

第十四章　巴顿的祈祷

> 我是巴顿将军，你对天气有什么好的祷告词吗？
>
> ——巴顿致电第 3 军团牧师约翰·H. 奥尼尔时说

1944 年 10 月 22 日，巴顿会见了他的上司奥马尔·布拉德莱将军和其参谋长，共同商讨夺取法国城市梅斯，然后大举东进德国军工业中心萨尔河流域的计划。坚信凭着一股强大的军事力量说不定就能结束战争的布拉德莱，提议欧洲同盟军同时出击。

巴顿指出，现在没有足够的弹药、食物和汽油供应所有的军队。而仅仅只有足够的补给供应一支军队。巴顿的第 3 军团可以在接到命令后 24 小时内持续不断地进攻。在激烈的争论后，布拉德莱作出了让步。巴顿被告知进攻可以在 11 月 5 日之后的任意时刻开展，而且事先会有空中轰炸。

巴顿告诉布拉德莱，盟军正在与 3 个敌人——德军、时间，还有天气——对抗。天气是最严重的威胁。第 3 军团的患病率与战场伤亡率相等。巴顿是一个绝不拖延进攻的人，他坚信每拖延一天就会给敌军更多的时间准备。"要求过高，反难成功" 是他最喜欢的格言之一。最好是布拉德莱一提供补给给他，他就马上发起进攻。

但是巴顿无法控制天气，它影响着武器、飞机和部队的行动。

学过战争史的巴顿敏锐地察觉到天气在一场重要行动或战役中的作用。1281年，当忽必烈命令440艘船组成的舰队袭击日本九州岛时，遭遇了台风，损失了一半的舰队。日本人把这次的风暴视为天神送来拯救他们的神风。1812年当拿破仑入侵俄罗斯时，他遭遇了俄国严酷的气候，他的数千名士兵在酷寒的冬天中倒下去了，比死在俄国人子弹下的士兵还要多。拿破仑的挫败证实了尼古拉斯一世的名言：俄国有两大值得信赖的将军：一月将军和二月将军。

巴顿也可以看到更多最近关于天气影响战役的教训。仅4个月前，盟军在登陆欧洲时，就因为英吉利海峡的风暴而命悬一线。6月6日天气放晴，使得诺曼底的两栖攻击得以进行。两周之后，诺曼底有史以来最可怕的风暴之一登陆了，摧毁了盟军的许多船只，并使得美国马尔伯里人工港湾从奥马哈海滩消失了。盟军的行动被实实在在暂停了5天。

当巴顿为战争做好准备后，他向圣经求助，并将一切（包括天气）托付给上帝。他1944年11月7日的日记如下：

两年前的今天，我们乘奥古斯特号前往非洲，风吹得很厉害。到下午4点的时候风才停。现在是凌晨2点30分，雨下得很厉害。我希望这雨也能停了。

对于准备战事，我所知的只是阅读圣经和祷告。那该死的钟似乎停了。我确定我们会取得巨大胜利。

19:00艾迪和格鲁来到住处，恳求我取消进攻，原因是天气恶劣、暴雨如注、河水暴涨。我告诉他们进攻会继续。我确信这次进攻会成功。1942年11月7日，有风暴来临，但是下午4点就停了。1943 年 7 月 9 日，风暴袭击了一整天，但是在晚上停了。

我知道上帝会再次帮助我们。他会给我们带来好天气，或者坏天气会给德军带来比我们更惨重的伤亡。愿望会实现的。

萨尔河战役在 1944 年 11 月 8 日打响。经过一个月的战斗，巴顿的第 3 军团解放了 873 个城镇和 1600 平方英里的土地。此外，他们打死、打伤了约 8.8 万名敌军，俘虏了 3 万名士兵。巴顿接下来准备突破莱茵河，对于进攻德国的同盟军来说，这是一个可怕的天堑。攻击被定在 12 月 19 日进行。

1944 年 12 月初，第 3 军团指挥部在卡瑟纳莫里佛，这是一个位于洛林地区南锡市的古老法国军营，到巴黎需要乘坐 90 分钟的火车。12 月 8 日早晨 11 点，巴顿致电首席牧师詹姆斯 · H. 奥尼尔阁下："我是巴顿将军，你对天气有什么好的祷告词吗？如果我们要赢得战争，必须对这雨天采取点措施。"

沉默寡言的牧师是个可靠的中西部人。他的无框圆眼镜勾勒出他圆圆的头和坚毅的下巴，这赋予他一副书生气的聪明模样。他是爱尔兰一名桶制造商的儿子，母亲来自威斯康辛州，奥尼尔成长于芝加哥的一个牲畜饲养场，家里有 7 个孩子，他在家庭的阴影中长大。他在依纳爵中学接受耶稣会信徒的教育，成为牧师之后，他在蒙大拿州海伦娜市卡罗尔大学进行过短暂的求学。他的一位兄长前往西点军校任职（1911 届），这燃起了这位未来牧师对于军事的兴趣。起初奥尼尔的主教不愿意放他去军队做牧师，但他的执着最终让他如愿以偿。组织对于奥尼尔来说就像天主教一样，已经差不多成为了一种宗教。他是一位有见识有能力的管理者，而且也是一个真诚谦逊的人。

巴顿致电奥尼尔之后发生了什么，有3种相互矛盾的说法。巴顿的副参谋长保罗·哈金斯上校的说法作为注释出现在《我所知道的战争》一书中。这本书是根据巴顿的日记编写的，出版于他去世以后的1947年。哈金斯协助编写了这本书，并写了一条长注释：

1944年12月14日的当天或左右，巴顿将军打电话给第3军团首席牧师奥尼尔牧师和我去他位于南锡的第3军团指挥部办公室。对话基本如下。

巴顿将军："牧师先生，我想让你做一个对于好天气的祷告。我受不了士兵们在泥泞和洪水中战斗了，德军也受不了了。看看我们能不能让上帝站在我们这一边。"

奥尼尔牧师："长官，做这样的祷告需要一块很厚的地毯。"

巴顿将军："只要能实现祷告，用飞毯我也不在乎。"

奥尼尔牧师："是，长官。将军，我想说，对于我这样职业的人来说，祈祷好天气来杀害同胞可并不常见。"

巴顿将军："牧师先生，你是想教我神学吗？你还是第3军团的牧师吗？我只要祷告。"

奥尼尔牧师："是，长官。"

出去之后，牧师问我："哟，这真是不好办！你觉得他想要什么？"对我来说这太清楚了。将军想要祷告——现在就想要——而且他想要它对司令部发布。

军队工程兵被召见，我们最终决定让我们的战地地质连队把祷告词印在一张小卡片上，然后复制足够多份发给军队。圣诞节临近了，我们便也要求巴顿将军在给军队的祷告卡片上附上圣诞祝福。将军同意了，写了简短的祝福，然后卡片做好了，在12月22日分发给了将士们。

在《我所知道的战争》这本书发行一年之后，奥尼尔阁下觉得有必要写下他自己对祷告缘由的叙述，于是写下题为“关于巴顿祈祷的真实故事”的文章，发表在《军队牧师》杂志上。奥尼尔抱怨说“保罗·哈金斯上校写的关于祷告的注释……虽然包含了一个将军和他的牧师的有趣故事情节，但不是祷告事件和它的后续事件的真实叙述”。

奥尼尔坚持说他在电话里告诉巴顿他会研究这个主题，并在一小时内给他回复。挂断电话后，奥尼尔看着外面无休无止的雨，这场雨使得三个月以来第3军团的行军严重受阻。浏览自己的祷告书时，奥尼尔找不到任何正式的有关天气的祈祷文，于是他自己写了一份原始的祷告词，打印在一张3×5英寸的卡片上：

万能仁慈的主啊，我们恳求你，用你伟大的美德来遏制这场我们不得不面对的无休无止的雨吧。赐予利于我们作战的好天气。请您仁慈地倾听我们这些士兵的呼唤，用你的能量武装我们，这样我们便能节节胜利、粉碎我们敌人的抵抗和罪恶，在人民和国家中树立起你的正义。

考虑到祷文并不是献给巴顿个人而是需要分发给所有将士的，

奥尼尔决定起草一份圣诞贺词：

美国第3军团的诸位将士们，祝你们圣诞快乐。我完全相信你们的勇气、对职责的奉献和在战场上的能力。为了取得胜利，我们英勇前进。值此圣诞节之际，愿上帝的祝福降临到你们每一个人身上。美国第3军团指挥官陆军中将小乔治·史密斯·巴顿。

随后奥尼尔匆匆穿上他的风衣，穿过院子前往巴顿的办公室。巴顿读了祷告词后，把它还给了奥尼尔，然后随意地命令牧师“打印25万份，确保第3军团的每个人都能得到一份”。然后奥尼尔把巴顿的注意力引到卡片背面的圣诞贺词。“很好。”巴顿带着赞赏的微笑说。

“如果是将军写的卡片，人们会喜欢它加上个人标志。”牧师说道。于是巴顿在桌边坐下来，在卡片上签名，然后把它还给了奥尼尔。

然后，将军说：“牧师先生，坐一坐吧。我想和你谈谈祷告的事情。”巴顿用手搓搓他的脸，沉默地坐了一会儿，然后站起来走向办公室高高的窗户，背对着奥尼尔，看着降落的大雨。奥尼尔后来回忆说：

像往常一样，他穿得笔挺，6.2英尺的伟岸身躯在大窗户下留下令人难忘的背影。在这里，我所看到的巴顿将军是一名把手下人的福利当作个人责任的指挥官。即便战事如火如荼，他也抽出时间指示用新的方法来防止“战壕足”，确保前线行军的和跪在泥泞中的战士每天有干燥的袜子配给，对伤员使用吗啡细心照料，直到救护车到来。现在又有什么新的指示呢？

“牧师先生，第3军团做了多少祷告？”将军问道。

“将军是指牧师们做的还是士兵们做的？”奥尼尔问。

“每个人做的。”巴顿答道。

“我恐怕得承认，我认为并没有多少人祷告。在战斗的时候，每个人都会祷告，但是现在雨下得无止无休——当一切安静下来，可怕的安静，人们只会坐着等待事情发生。在这样的情况下祈祷并不容易。牧师们和士兵们都不能待在一座特殊的尖顶建筑物里。对他们大多数人来说，祷告是正式的、仪式性的事情，包含特殊的姿势和礼拜仪式的环境。我认为没有多少人祷告。”

巴顿离开窗户，坐在桌边靠着他的转椅。手中玩着铅笔，他再次开口了。

“牧师先生，我是忠实的祷告者。有3种方式可以让人得到自己想要的东西：计划、劳动和祷告。任何伟大的军事行动都需要缜密的计划和思考，也需要派遣训练有素的军队来实施计划，这就是劳动。但在计划和行动之间总有一种叫作未知的东西。这种未知被称为战败或胜利，成功或失败。当它真正到来时，它就是行动者们对困境的应对方法。有些人称之为取得突破，我称它为上帝。任何事情中都有上帝的分身。这时候我们需要祷告。直到现在，上帝都对我们第3军团很好。我们从未撤退过；我们没有遭遇过失败，饥荒，或传染病。这是因为家里的许多人在为我们祷告。我们在非洲、西西里和意大利都很幸运。只是因为人们祈祷了。但是我们也要为自己祈祷。一名好士兵不仅仅有思考和劳动成就。在每个士兵身上都有一种东西比思考或劳动更为深入——那就是他的‘胆量’。这是他自己培养起来的，这是一个由真理和力量组成的比他自己更高尚的世界。伟大的人生并不只是思想和劳动的输出。一个人也应该有所输入。我不知道你怎么称呼它，但我称之为宗教、祷告，或者上帝。”

奥尼尔接着说道，

他（巴顿将军）说到圣经中的吉迪恩（犹太勇士），说到人无论在哪儿都应该祈祷，不论在教堂里面或外面，如果他们不祈祷，他们迟早会“崩溃”。对于这一切我都表示赞同，我办公室的一个主要训练目标将是帮助士兵们在第三境界——祷告中复原并使他们的生命具有意义。在牧师中增加这种训练是无害的。那时第3军团有486名牧师，代表了32个教派。我与牧师们的联络方式主要通过训练信件，一旦在第3军团变得具有可操作性，这些信件就能不断地发给四大军团和由22至26个师组成的第3军团的牧师们，每个训练主题或方法都涉及牧师如何在军队中进行这方面的工作。

“我希望，”巴顿说道，“你能以这个祷告主题对牧师们发布一封训练信件，不要写别的，只写祷告的重要性。在寄送之前给我看看。我们不仅得让第3军团的牧师们做祷告，还得让第3军团的每一个人都做祈祷。我们必须请求上帝停止降雨。这些雨就是决定成败的关键。如果我们都做祷告，就会像卡雷尔博士所说的那样，‘接通一股来自天堂的电流’。我相信祷告会完成这个循环。这就是力量。”

说到这里，将军从椅子上站了起来，宣布会议结束，奥尼尔回到办公室着手准备巴顿要求的训练信件。

巴顿提到的“卡雷尔博士”是亚历克西斯·卡雷尔，一位法国外科医生与生物学家。1912 年，卡雷尔被授予诺贝尔医学奖，并两次出现在《时代周刊》的封面。他被誉为肇端现代外科所有重大进步的人，其中包括器官移植。卡雷尔也许是世界上最著名的医生。许多人对卡雷尔保持器官无限期存活体外的尝试着迷。美国飞行员查尔斯·林德伯格也喜欢卡雷尔的实验，他与卡雷尔的科学项目有长期合作。

虽然在天主教的环境下长大，卡雷尔却成为了持怀疑论的理性思想的科学家代表。在以第三人称自述的文章中，他写道：

> 虽然专注于他的科学研究，他的心思却被德国的批判分析体系深深地吸引了，他慢慢相信在实证主义方法之外，没有必然存在。他的宗教思想，被分析法推翻，最终被摧毁，只留给他一个对美丽易碎梦境的甜美回忆。
>
> 然后他在宽容的怀疑主义中找到寄托。对于所有宗派的东西他都感到恐惧；他准备承认任何真诚信仰的价值观。

然而，1902 年卢尔德之行，他见证了一个叫玛丽·贝利的年轻女人奇迹般的痊愈。卡雷尔开始对祈祷的力量着迷。当时她的情况岌岌可危，卡雷尔不相信她能活着乘火车到卢尔德[1]。他写道：

---

[1] 卢尔德是欧洲著名的天主教徒的朝圣之地，传说那里的泉水能治愈疾病。

此时此刻有一个病人比其他任何人都更接近死亡。我已经好几次被叫到她床边……这个不幸的女孩处在结核性腹膜炎晚期。我了解她的病史。她全家都死于肺炎，她有结核疮、肺部机能障碍，而最近几个月她被一个全科医师和有名的波尔多外科医生布霍米拉确诊患了腹膜炎。她的情况十分危险，我在旅途中给她用了吗啡。她随时都可能在我面前撒手人寰。如果她这样的病例都痊愈了，这真是一个奇迹。我绝不会再怀疑，我会去当修道士！

到达卢尔德的洞穴里的浴室时，玛丽要求用水洗洗她的腹部。水淋了三次。第一次，玛丽觉得全身灼痛。第二次，她觉得没那么疼了，而当水第三次浇到她身上时，她觉得非常舒服。卡雷尔仔细观察了整个过程，记录了时间、脉搏、面部表情，还有他观察到的任何其他细节。在30分钟之内，这个年轻女人原本急剧膨胀而且硬化的腹部，变得平坦而所有的畸变都完全消失了。没有观察到身体排泄任何东西。

卡雷尔感到十分惊讶。他在4个月内每两周对玛丽做一次精神测试。她也定期检查肺结核征兆。11月末她被宣布身体和精神都很健康，下一个月她到巴黎开始了见习期，在那里她成为了仁爱姐妹会的一员，过着艰苦的生活。她在1937年58岁时去世，期间从未旧病复发。

卡雷尔试图解释他看到的一切。他明白当时的医学科学无法解释玛丽·贝利的康复。他开始研究祷告和奇迹治愈的现象，但是一直在悄悄地进行，因为担心他的兴趣一旦被发现会“危及他的事业”。一度是怀疑主义者的卡雷尔不愿意承认这个奇迹是上帝的作用，但却始终为祷告的精神力量而着迷。

卡雷尔于 1944 年 11 月 5 日去世，正好是奥尼尔与巴顿就祈祷问题会谈的前一个月。巴顿提到卡雷尔很大程度上是由于他看到了这位世界最著名医师的讣闻。奥尼尔回忆起报纸上的一个故事，说卡雷尔把祈祷描述为“人类可以产生的最强大力量之一”。

在奥尼尔向巴顿展示了对有利于作战的好天气的祷词和附加的圣诞贺词的后一天，他给将军看了自己写的第 5 号训练信件。巴顿读了这个信件，然后下令把这封信一字不改地在第 3 军团的 486 位牧师和团级与团级以上的每位指挥官中传阅。总计 3200 份有奥尼尔签名的复件分发给第 3 军团的每个单位。然而，牧师提到说，严格意义上来说这是第 3 军团指挥官的信件，而不是奥尼尔的。命令直接由巴顿本人下达，分发在 12 月 11 日和 12 日完成。

第 5 号训练信件

1944 年 12 月 14 日

第 3 军团的牧师们：

在行军的这个阶段，我想召集牧师和美国第 3 军团的将士们把注意力集中到祈祷的重要性上来。

我们的荣耀之师，由诺曼底海滩穿越法国，一直到了我们现在站着的地方，齐格菲防线之上，后面德军留下的废墟证实了上帝用我们的旗帜赶跑了最可疑的军队。我们从未遭遇瘟疫和饥荒。我们在统一的目标之下继续前行。我们之间没有懦夫，我们的领导能力毋庸置疑。第 3 军团没有撤退的士兵，没有失败。在这次伟大战役中我们没有任何败仗的回忆留给我们的后代。

但是我们不会止步于齐格菲防线。在我们到德意志帝国大使馆享用口粮之前，艰难的日子还在前面等着我们。

作为牧师，祈祷是我们的职责。我们强调它的重要性，我们强调它的实行。但是现在是我们所有人加强对祷告信念的时候，不仅仅是我们自己，还包括第3军团队列里的每一个信徒，不论是新教徒、天主教徒、犹太教徒，还是基督徒。

相比军人，祷告的人为世界作出了更多贡献；而且如果世界由糟糕变得更糟，那是因为战争比祷告要多。“抬手祷告，”波斯维特[1]说道，“比举手击打更有力量。”圣经中的吉迪恩在他父亲的房子里就已名扬四海。他来自以色列最小的部落，但他是一个英勇强大的人。他的力量不在于他的军事威力，而在于他坚信上帝对他生命的正确引导。他把军队数量从3200人减到300人，向以色列人证明并不是他们的英勇拯救了他们。我们并没有打算减少我们庞大的军队，但是我们必须敦促、指导、教化每一个战士不仅仅要打仗，也要祈祷。在吉迪恩时代和我们的时代，关注精神的少数人都肩负责任、带来胜利。

敦促你们的士兵祷告，不仅仅是在教堂内，而是在任何地方。开车时祷告，打仗时祷告；独处时祷告，群居时祷告；夜里祷告，白天也祷告；为停止无止无休的雨天祷告，为有利于作战的好天气祷告；为我们邪恶敌人的战败祷告，他们的旗帜是非正义的，他们只会带来压迫，为我们的胜利祷告；为我们的军队祷告，为和平祷告。

[1] 波斯维特·雅克·贝尼格尼（1627–1704）法国高级教士和历史学家，因其追悼词和一篇历史论文而闻名。

我们必须一起前进，一切都是以上帝的名义。“崩溃”的士兵不需要同情与安慰，就像他不需要力量一样。我们并不试图充分利用这些日子。我们的任务是尽量利用这些日子。现在是跟随来自“远方”的上帝的时刻。军队需要上帝与我们同在的保证和信念。有了祈祷，我们不会失败。

请相信这篇祈祷文有美国第3军团指挥官的批准、鼓励和热情的支持。

祝你们圣诞快乐，我代表我个人祝贺你们自登陆以来付出的伟大而勇敢的劳动。

“为有利于作战的好天气而祷告”的第3个版本来自圣公会牧师乔治·R. 梅特卡夫1960年出版的二战工作回忆录《以十字架和铁铲之名》。1944年11月，梅特卡夫作为第3军团助理牧师加入第3军团指挥部，担任奥尼尔的执行官。两个人一起管理着差不多300名牧师。

梅特卡夫迅速与他的新上司发展了一段融洽而令人称羡的关系。他们共用办公室和居所。虽然来自不同的教堂，两位牧师持有共同的宗教和军事见解。梅特卡夫写信给他妻子说：

我们每晚都在静静地祷告和沉思。奥尼尔神父跟我说他早期神职生活和军旅生活的故事。他给我读法贝尔，我给他介绍乔治·赫伯特和西索骑士的圣十字架。我们讨论的话题有“圣托马斯真的被主指责了吗”“如何最有效地调解”还有“感叹祷告的实践”。对我来说这是一种崭新并且十分有益的生活。

梅特卡夫也指责哈金斯上校对巴顿要求“有了诅咒，就需要祷告以‘扭转局面’”的说法。他也否认了哈金斯对奥尼尔和他自己的形容，即“不乐意的牧师们不情不愿地做了与他们信念相违背的军事祷告”。根据梅特卡夫的说法，“事实上巴顿将军在我面前对于宗教问题非常谦恭有礼且细致周到；两个牧师也很乐意把各种人类问题在上帝的宝座面前提出，任由他以妥当的方法处理。”

梅特卡夫说在临近圣诞节的一个早晨，他接到了巴顿的电话，要求在8点钟进行祷告。巴顿问他是否有关于“好天气”的祷词。低垂的云层妨碍了盟军的飞机为阿登高地的士兵们提供空中掩护。梅特卡夫承诺他和奥尼尔会想出一个适当的方法，然后这两个牧师就开始工作了。

> 当奥尼尔牧师……听到需要的是什么时，他提议我们分别找出或修改出一份合适的祷告词，然后进行比较。很快地，他就在他的弥撒书中找到了一份对胜利的祷告，而我在美国通用祷告书中找到了一份英国国教请愿书中对好天气的祈求。奥尼尔牧师随后指示我把两份祷词合并，他自己再做了一些修改，最后把正稿交给巴顿将军。

梅特卡夫回忆说，奥尼尔满面笑容地回来了，说巴顿对祷告词很满意，并打算把它与圣诞贺词一起发给第3军团的士兵们。

祷告词的第一句似乎证实了梅特卡夫的说法，因为它与圣公会的美国通用祷告书对好天气祷告的第一句话相同。爱尔兰天主教派的奥尼尔不可能以英国国教祷告书作为指南。虽然奥尼尔只字不提梅特卡夫的贡献，似乎有些无情，但这也许体现了军队的规则，下属写的东西的著作权一般归他的上司所有。而且奥尼尔可能吝惜声誉，因为梅特卡夫才刚到第 3 军团。

第 664 工程地质连队夜以继日地工作，复制了 25 万份印有祈祷好天气的祷词和巴顿圣诞贺词的卡片。卡片和第 5 号训练信件在 12 月 14 日分发到士兵手中。两天后，欧洲的美军参与了美国部队参战以来面临的最大战役。战争的结果，也许还有整个欧洲盟军为战争所做努力的结果，都依赖于天气。

巴顿的副官哈金斯上校后来写道：

这是因祈祷而获得的上帝指引，还是仅仅是人类事件的正常过程，我们永远不得而知。不论如何，在 23 号，即祷告词发布的第二天，天气就放晴了，接下来的 6 天都万里无云。这天气足以让盟军突破冯·朗斯特德的攻击主力，然后给迅速溃败的敌军当头一棒。

巴顿将军再次把我叫到他的办公室。他笑得合不拢嘴。他说："天呐！看看这天气。奥尼尔真是做了些有效的祷告。让他过来。我想给他发个奖章。"

第二天，牧师先生来了。当他走进巴顿将军的办公室时，天气依旧晴朗。将军站起来，从桌子后伸出手来说："牧师先生，你是这个指挥部中最受欢迎的人。你肯定和上帝与士兵的关系都很好。"然后将军给奥尼尔牧师别上了一个铜星勋章。

每个人都表示了祝贺和感谢，我们又开始杀德国兵——在打仗的好天气里。

平安夜，巴顿和奥马尔·布拉德莱参加了卢森堡的烛光教堂活动，他们坐在凯撒·威廉二世曾经用过的包厢里。圣诞节，巴顿为第3军团的每位战士都准备了烤火鸡晚餐。为了确保他的指令得到执行，他在相当寒冷的天气里坐车从一个单位到另一个单位。巴顿的战时司机约翰·米姆中士回忆说："我们早晨6点钟出发，从一个单位到另一个单位，坐了一整天的车。他会停下来和士兵们讲话；问他们是否得到了火鸡，火鸡怎么样，诸如此类的问题。"他那天的日记很有巴顿风格：这是"一个晴朗而寒冷的圣诞节，是杀德国兵的好天气，这可能听起来有点儿怪，但看看吧，这是谁的生日啊。"将士们很振奋，但"我并不是兴奋，因为我们开得还不够快。"

春天，当第3军团在依旧晴朗的天气里行军时，巴顿再次感谢上帝赐予的好天气："我很感激上帝给我和第3军团带来的鸿福，这鸿福不仅体现在它赐予我们的胜利里，也体现在它现在给我们提供的好天气里。"

第十五章　最后的敌人

> 死亡之后是什么？也许不是死亡的丧号，而是永生号角的第一声？
>
> ——巴顿在西点军校时笔记本上的笔记

当欧洲战场的战争结束后，巴顿回到美国后，抽了点时间看望了家人，然后开始针对太平洋持续的争端进行主战演讲。他想参与到加利福尼亚圣盖博救主堂的服务行列中来，他曾在这里接受洗礼并坚信："上帝一直对我很好。我很乐意来这里向他表达谢意。"

返家后的第一个周日，巴顿告诉主日学校的孩子们说："如果我们不停止战争，你们就是下一场战争的战士、船员或护士。"他祭拜了他父母的墓地，献上了花圈，然后静静地祷告。这是他最后一次回家。

回欧洲之前，巴顿看望了他的两个女儿——小比伊和露丝·艾伦，他轻松地说道："我想这是告别了。我不会再见到你们了。照顾好你们的小弟弟，让约翰和吉姆（她们的丈夫）也要照顾好你们。"两个女儿都很震惊。露丝·艾伦拒不接受他不会活着回来的说法。"噢，别这样，爸爸，这太疯狂了！战争已经结束了。"巴顿答道："是啊，但是我的运气已经用光了。每一个射得离我很近的弹片，都一次次射得更近了。前线的步兵比后方的厨师更快地用光他们的运气。你们都是带着一定量的运气出生的，它就像银行里的钱，你花掉了就变少了。在战争结束之前我没有被杀死实在是糟透了，但是我就是没有。顺其自然吧。"这是他的孩子们最后一次见到他。

当电话响起的时候，比阿特丽斯·巴顿正和女儿露丝·艾伦一起待在华盛顿。打电话的人要求与将军夫人讲话。"陆军部找你！"露丝·艾伦对母亲说。比阿特丽斯从桌子旁站起来，似有所感地说："你爸爸出事了。"1945 年 12 月 9 日，巴顿与他的参谋长霍巴特·"哈普"·盖伊少校在从一次野鸡狩猎中归来。由于他的正式司机米姆中士正在医院里，于是另找了一个司机开车。他们以每小时 35 英里的速度前进，突然一辆军用卡车从一条小路插了进来。在摩擦碰撞中，巴顿被甩到了车顶，然后掉在了驾驶室后的玻璃隔间。他的脖子摔断了，脖子以下瘫痪了。他被送到了海德堡的一家医院。"这是一种坏透了顶的死法。"巴顿对盖伊说。

在医院里，巴顿的情绪在脏话连篇的愤怒和黑色幽默中交替转换。"如果你们该死的脑袋中还有任何对我将要终身瘫痪的疑问，那就让这些狗屎统统略过，让我死去吧。"巴顿吼道。然后他又迅速转变了心情，开玩笑地说："放松点，先生们，我现在可不会变成疯子。"当他得知医院牧师要在他身边祷告时，巴顿回答道："好的，让他开始吧。我想我需要这个。"牧师走了进来，做了一些祷告，巴顿对他表示感谢。

比阿特丽斯吩咐孩子们都待在家里之后，飞到了她丈夫身边。

她似乎想要与丈夫最后单独相处一次。他们见面的时候，巴顿对妻子说：“我觉得我还不够厉害。”她知道丈夫是指他想像他的祖先那样战死沙场的意愿。

12 月 21 日，比阿特丽斯给巴顿读约翰·斯坦贝克的小说《小红马》。巴顿问妻子几点了，当她告诉他的时候，他说他累了让她去吃晚餐，等她回来的时候他们再读完这一章。她去了餐厅，把丈夫留给护士照料。但比阿特丽斯的晚餐被突然打断，护士告诉她巴顿停止了呼吸。她回来的时候，丈夫已经去世了。官方死因是肺水肿和充血性心力衰竭。

小乔治·史密斯·巴顿将军在 1945 年 12 月 24 日上午 10 点下葬，葬在德国战犯挖的坟墓里。他的身边是一名在坦克大决战中牺牲的第 3 军团战士。一位美国报社记者写道：

> 巴顿被葬在一个他自己曾经称为“该死的破坦克国和可恶的坏天气”的地方。但是人们用正规的军礼下葬了他，哀荣并重。大将军和小战士都出席了，这个小国家的王室和平民也出席了，在这里，巴顿曾于去年圣诞季在那场决定性战役中赶走了德军。

他逝世后一天，《纽约时报》发布了悼词：

> 历史向巴顿伸出了手，并拥抱了他。他的地位毋庸置疑。他会被排在美国最伟大的军事领袖最前列。那些用困难来考验他的敌人，也成就了他。这个国家，这个他曾为之鞠躬尽瘁的国家，将不吝授予他荣誉。

乔治·巴顿有预感自己会在战争中死去。但他奇迹地没有死去，因为他在如火如荼的战场上敢于冒险，这令最顽强的士兵都为之战栗……

早在战争结束之前，巴顿就是一个传奇。他引人注目、趾高气扬、随身配枪、深信宗教、脏话连篇；他容易发怒是因为他首先就是个战士，他容易流泪是因为在他所有暴躁的行为之下，有一颗善良的心。他是冰与火的奇特结合，在战场上充满激情的同时也冷酷无比，在对目标毫不妥协的决心上他是冰冷的。他不只是一个疯狂的坦克指挥官，也是一个深刻而有想法的军队学员。他被拿来与杰伯·斯图尔特、纳森·贝福德·福雷斯特和菲尔·亨利·谢里登进行比较，但是他所战斗的战场比他们任何一个都更为辽阔。他不是一个安于和平的人。也许他更愿意在名誉到达顶峰，他所热爱的士兵忠心追随他的时候死去。他的祖国会对这种忠诚给予公正的评判。

巴顿的墓碑与成千上万名埋葬在欧洲军事墓地的美国士兵们的一样，是一个简单的白色十字架。上面刻着：

小乔治·史密斯·巴顿

第3军团将军

1945年12月21日 加利福尼亚

他的墓地时常有人参观，周围一圈都被踩坏了，最后他的遗体被移到了它的永久居所，在那里，一块纪念碑俯瞰着整个墓地。

1946年10月，加利福尼亚圣盖博救主堂建起了小乔治·史密斯.巴顿将军纪念窗。中间的图像是圣乔治杀死巨龙，在右下角描绘着坐在坦克上的巴顿，左肩上有装甲部队肩章。圣乔治的盾牌装饰有第3军团肩章的“A”。窗口也有师、军和两个巴顿指挥过的军团的徽章。圣乔治周围的铭文来自圣提摩第四章第二节：

那漂亮的仗我已经打过了。

该跑的路我已经跑尽了。

所信的道我已经守住了。

当巴顿还是西点军校的一名学员时，他的笔记本上就写满了想法、诗歌、劝诫和战争守则。在上面他还写下了一条座右铭：“死亡之后是什么？也许不是死亡的丧号，而是永生号角的第一声？”

附录1　乔治·史密斯·巴顿将军的讣告

1945年12月22日，星期六

《纽约时报》

乔治·史密斯·巴顿将军是美国历史上最杰出的士兵之一。无畏、另类且激励人心，他带领他的军队在北非、西西里岛和西方战线中获得巨大的胜利。纳粹将军们坦承：在所有的美国战地指挥官中，巴顿是他们最为畏惧的一个……

他伟大的军人品质与他的时代中最富色彩的性格相匹配。关于他的数不清的传说——或真，或假，但是所有都证实他牢牢地把控着追随者们的想象……他口才出众，偶然间创造的词汇将一直存在于美国军队的传统中。

“我们应该进攻，进攻，直到精疲力尽，然后我们再进攻。”在初次登陆北非前他对他的军队说，并以此总结从卡萨布兰卡到德国中心，一路的顺利之后赢得胜利的军事信仰……

在西线上作为他爱着的第3军团的领导人，巴顿将军对军事荣耀做出了最强烈的要求。十个月里，他的装甲兵和步兵咆哮着穿过了六个国家——法国、比利时、卢森堡、德国、捷克斯洛伐克和奥地利。横渡了塞纳河、卢瓦尔河、摩泽尔河、萨尔河、莱茵河、多瑙河以及二十多条小河；俘虏超过七十五万，杀死或重伤五十万……

他最有名的外号——“血胆老将”——曾是他厌恶的，却深受跟随者喜爱。“他的勇气渗入我的血液，”受伤的老兵曾在他们回医院治疗时说。他的暴怒和可怕的言辞在美国战士战斗的地方都成为了传奇。

巴顿将军本性中也有柔软的一面。他创作了两本诗集，但规定不能在生前出版。他是一位热情的宗教徒，喜欢到教堂唱圣歌并且将主教的晨间祷告顺序牢记于心。

他似乎注定是争论的中心。一次又一次，当他名声大噪时，一些不羁的言论或不周全的行动似暴风般席卷他的头脑。最为著名的事件，当然就是扇了一名士兵的耳光，他原以为那位士兵是一位装病者，而事实上他在西西里岛登陆战役期间在医院承受着战争疲劳的折磨。

这段插曲导致了大家纷纷要求免去他指挥官的职位……艾森豪威尔将军严厉地斥责了他，但是坚持保留了他的军事资格，忠诚以及不屈不挠更彰显出他在战场上的价值……

附录2　乔治·史密斯·巴顿将军的祷告

杰拉德·麦格特和亨利·达林顿曾请许多政治和军事的领导人——包括罗斯福总统，战争部长史汀生，以及艾森豪威尔将军——为《士兵与海军的祷告书》贡献一段祷告，这本书由美国科诺夫出版社在1944年出版。为回应这一请求，巴顿将军为“勇气”创作了祷告文。

曾在陆地和海洋引导我们走向胜利的天父之帝，请在我们伟大的斗争中继续你鼓舞人心的指引。

请强化我的灵魂，这样在战争中困扰我们所有人的衰减的自卫本能才不会使我失去对自身男子气概职责的理智，失去对荣耀的召唤，以及对同伴的战士的职责的理智。

请赋予我们的军队训练有素的英勇与无隙的信任，以确保在战争中的获胜。

请让我不要再为战斗中死去的人们忧伤，而让我为活着的英雄高兴。

如果死亡是我的命运，就让我以一种能给敌人带来最大伤害的方式带着勇气和荣誉死亡。拜托，耶和华啊，保护和引导那些我身后的人。

给予我们胜利吧，上帝。阿门。

中将乔治·史密斯·巴顿

美国陆军

第 7 军团司令官

附录3　给美国第3军团全体将士的一封信

1945年5月

卫兵守则9

98条

第3军团的士兵，过去与现在

在281天连续且胜利的斗争中，你们行进的比历史上其他任何一个军团都远，所用的时间也更少。你们已经在艰难中度过了24条主要的河流和数不清的小溪了。你们已经解放或者说征服了超过82000平方英里的领土，涵盖了1500个城镇，还有12000个居住地区。在战争终止之前，你们已经在战争中俘虏了956000名敌军，并且杀死或重伤至少50万名。法国、比利时、卢森堡、德国、奥地利和捷克斯洛伐克见证了你们的战绩。

6个军团和39个师的所有男人女人们，在不同的时期都曾作为这个军团的成员，完成他们的使命。每个人都值得被赞颂。野战部队持续的勇气常常与不公开的补给行动，以及军团和后勤区域的管理及医疗服务相并行，军队的支持使之成为可能。我们也不能忘记其他军团和空军的同伴，特别是第19战术空军司令部，我们曾有幸在他们旁边或是在他们的庇护下战斗。

自豪地思考我们的成就，让我们永远不要忘记我们英勇的逝者，他们的墓碑标志着我们胜利前进的里程，也不要忘记我们的伤员，他们的付出对我们的成功大有助益。

如果我不承认我们对参谋长，加菲和盖伊将军，以及陆军总部的总参谋部和特业参谋部的亏欠，那我就是忘恩负义的，也不够坦率。没有他们的忠诚、智慧和不懈的努力，我们不可能成功。

欧洲的战争结束了，但在即将到来的日子里，仍有获得其他显著成就的机会。在某些方面，不久的将来比过去更需要你的不屈不挠。没有了斗争的鼓舞，你必须通过你的穿着、举止和效率维持第 3 军团的声望以及美国的荣耀。我有十足的信心，你们不会失败。

在战争的过程中，我收获了远高于我个人功绩的晋升与奖章。这是你们赢得的；我只是作为你们的代表佩戴他们。属于我的且是我一个人的荣誉是我指挥了这样一支不可匹敌的美国军队，他们的刚毅、大胆和勇敢将会随着历史一同延续。

乔治·史密斯·巴顿将军

附录 4　乔治·史密斯·巴顿将军大事年表

★ 1885 年 11 月 11 日　巴顿生于加利福尼亚州洛杉矶圣盖博。

★ 1897–1903 年　巴顿就读于加利福尼亚州帕萨迪纳市的史蒂芬·卡特·克拉克男子古典中学。

★ 1903–1904 年 巴顿作为学员就读于弗吉尼亚州莱克星顿的弗吉尼亚军事学院。

★ 1904 年 6 月 16 日 巴顿进入美国纽约的西点军校。

★ 1905 年 6 月 5 日 巴顿复读了一年。

9 月 1 日 以军校学员身份重回美国西点军校。

★ 1909 年 6 月 11 日 巴顿被任命为第 15 骑兵团少尉。

9 月 12 日 巴顿加入第 15 骑兵团，被分配到伊利诺斯州的谢里登堡 K 部。

★ 1910 年 5 月 26 日 巴顿与比阿特丽斯·班宁·艾耶尔结婚，之后共抚育三个孩子。

★ 1911 年 5 月 19 日 巴顿的第一个孩子，比阿特丽斯·艾耶尔出生。

★ 1912 年 6 月 14 日 巴顿远赴欧洲参加瑞典斯德哥尔摩的奥运会。

7 月 7 日 巴顿参加了奥运会现代五项。

7–8 月 巴顿在法国索米尔接受击剑的个人指导。

★ 1915 年 2 月 28 日 巴顿的第二个孩子，露丝·艾伦·巴顿降生。

★ 1916 年 3 月 13 日 巴顿调离第 8 骑兵团，加入指挥部，参加了对墨西哥的“惩罚性远征”。

5 月 14 日 巴顿带领士兵与潘乔·维拉的保镖还有其他部下在卢比奥交战。

5 月 23 日 巴顿被提升为中尉。

★ 1917 年 5 月 15 日 巴顿被提升为上尉。

5 月 18 日 巴顿被命令听命于潘兴并赶至华盛顿，被任命为 AEF 部的指挥官。

10 月 10 日 巴顿投身于坦克事业。

★ 1918 年 1 月 26 日 巴顿被提升为临时少校。

3 月 23 日 巴顿作为设立于法国的美国坦克学校的指挥官，第一次收到了火车运来的 10 辆轻型坦克。

3 月 30 日 巴顿被提升为中校。

9 月 15 日 圣米歇尔战役打响。

9 月 26 日 巴顿在法国的默兹 – 阿贡攻势中身负重伤。

10 月 17 日 巴顿被提升为上校。

12 月 16 日 巴顿获得了优异服务十字勋章。

★ 1920 年 6 月 20 日 巴顿回到了上尉的衔位。

7 月 1 日 巴顿被提升为少校。

10 月 3 日 巴顿加入了弗吉尼亚梅尔堡的第 3 骑兵团，担任第 3 中队指挥官。

★ 1923 年 12 月 24 日 巴顿的儿子，乔治·巴顿四世降生。

★ 1924 年 7 月 30 日 巴顿成为陆军指挥参谋学院的荣誉毕业生。

★ 1925 年 3 月 4 日 巴顿在纽约乘坐军队运输船从蒂耶里堡穿过巴拿马运河远航至夏威夷。

3 月 31 日 到达夏威夷并被分配到夏威夷 G–1 和 G–2 师。

★ 1927 年 6 月 巴顿的父亲，乔治·史密斯·巴顿二世去世。

★ 1928 年 10 月 6 日 巴顿的母亲，露丝·威尔逊·巴顿去世。

★ 1932 年 6 月 2 日 巴顿因为 1918 年所受的伤被授予紫心勋章。

6 月 11 日 巴顿成为美国陆军军事学院的优秀毕业生。

★ 1934 年 3 月 1 日 巴顿被提升为中校。

★ 1935 年 5 月 7 日 巴顿离开洛杉矶去往夏威夷。

6 月 8 日 巴顿到达檀香山，被分配至夏威夷军区 G–2 师。

★ 1937 年 6 月 12 日 巴顿离开檀香山。

7 月 12 日 巴顿到达洛杉矶。

7 月 25 日 因为腿部骨折待在马萨诸塞州贝弗利的医院中。

11 月 14 日 出院后在营区养病。

★ 1938 年 7 月 1 日 巴顿被提升为上校。

7 月 24 日 巴顿担任得克萨斯州克拉克堡第 5 骑兵团指挥官。

12 月 10 日 巴顿担任弗吉尼亚梅尔堡第 3 骑兵团的指挥官。

★ 1940 年 4 月 1 日 担任佐治亚州本宁堡春季演习的裁判。

5 月 1 日 担任路易斯安那州博勒加德堡演习的裁判。

10 月 2 日 巴顿被提升为临时准将。

6 月 26 日 巴顿在本宁堡第 2 装甲师的第 2 装甲旅担任指挥官。

★ 1941 年 4 月 4 日 巴顿被提升为临时少将。

4 月 11 日 巴顿成为第 2 装甲师的指挥官。

★ 1943 年 3 月 6 日 巴顿担任美军第 2 军团指挥官。

3 月 12 日 巴顿被提升为临时中将。

6 月 15 日 巴顿在意大利西西里西部组建了一个临时军队。

8 月 3 日 巴顿在意大利西西里的战地医院中打了查尔斯·库尔的耳光，他认为像库尔一样的胆小鬼没有受伤。

8 月 10 日 巴顿去了意大利西西里第 93 后备医院，斥责列兵保尔 · 班尼特的胆小。

11 月 21 日 记者杜鲁 · 皮尔逊曝光了乔治 · 巴顿 1943 年 8 月 3 日的“打耳光事件”。

★ 1944 年 7 月 6 日 巴顿秘密潜入法国诺曼底，而敌人仍相信他会在加莱海峡领导主要的登陆部队。

8 月 16 日 巴顿跳过了准将，被提升为少将。

12 月 8 日 巴顿致电詹姆斯·H. 奥尼尔牧师，问他是否能“祈祷好天气”。

12 月 12–14 日 祷告卡片分发至巴顿的军队，“上帝保佑战争时有好天气”。

12 月 16 日 德国在阿登高地发动进攻，即众所周知的突出部战役。

★ 1945 年 3 月 17 日 艾森豪威尔命令巴顿停止进入德国占领

的捷克斯洛伐克的计划。

3 月 24 日 巴顿向莱茵河中撒尿。在完成浮桥的穿越后，他效仿他最喜欢的历史名人征服者威廉，从浅滩带走了一些泥土。

4 月 14 日 巴顿被提升为上将。

5 月 12 日 巴顿在捷克斯洛伐克的霍斯托温发动了牛仔行动。

6 月 9 日 巴顿和詹姆斯 · 杜立特尔在加利福尼亚州洛杉矶的阅兵中被嘉奖。

6 月 10 日 巴顿在加利福尼亚伯班克向 10 万平民进行演讲。

9 月 22 日 巴顿将德国纳粹党和美国共和党或民主党的无心之比被断章取义，引起了不小的争论。

10 月 2 日 巴顿向新闻界就之前的纳粹党言论发表声明。

12 月 9 日 巴顿在德国发生车祸，脊椎和颈部受伤。

12 月 21 日 巴顿由于车祸导致的肺血栓去世。

★ 1946 年 3 月 19 日 巴顿的遗体被转移卢森堡哈姆的“二战”美军公墓和纪念馆中。

★ 1953 年 9 月 30 日 巴顿的遗孀，比阿特丽斯在曼彻斯特的汉密尔顿骑马时因主动脉瘤破裂而去世。她的骨灰被洒在丈夫的墓中。

☆致　谢☆

所有的书都是独自创作及团队人员宝贵支持与合作的奇异结合。这本书也不例外。关于这本巴顿作品的构思源自数年前，我还是个少年的时候，我的父亲给了我一本马丁·布鲁门森的著名作品《巴顿文集》。我仍能回想起深夜全神贯注阅读那本厚重精装书时的奇妙感觉，沉浸于巴顿的日记、信件和那散发着人类原始能量的人生故事中。

我要感谢莱格尼里历史系列丛书所有人的努力，他们赋予了这本书生命——感谢马吉·罗斯和哈利·克罗克，他们立刻领会了这本着重讲述巴顿人生指导原则的书的魅力，感谢玛丽·贝斯·贝克帮助接洽这本书的出版，感谢托马斯·斯宾塞仔细和耐心的编辑。

我同样感谢玛丽·苏·西摩尔对本书构思的鼓励、信心和坚持。感谢萨曼莎·唐，她最初是一名佩伯代因大学佩森图书馆的助理，后来作为一名可信的研究员，在本书孕育阶段给出建议和帮助。感谢我的好朋友，也是前美国陆军游骑兵，南加州大学图书馆副院长爱德华多·蒂诺科，在我寻找文章和资料穷途末路时给予的莫大帮助。

我还要感谢伊利诺伊州芝加哥的詹姆斯·弗里，感谢他分享了他的叔叔詹姆斯·奥尼尔牧师的回忆，奥尼尔是巴顿第3军团的高级牧师，巴顿曾让他为战争祈祷好天气。我同样也要感谢卡罗莱纳州杰森堡美军牧师博物馆乐于助人的员工，感谢他们提供了关乎奥尼尔牧师的信息，同时也让我知道了一同参与巴顿为晴天祈祷的，圣公会牧师乔治·R. 梅特卡夫。

我的兄弟凯文·基恩，他的暴脾气与巴顿有些相似，他给予了我对巴顿人生事件进行塑造的建议，梳理了本书的章节。当然还有我的律师，也是我的朋友斯蒂芬·布雷默给予了我有价值的建议。马克·罗斯在我需要关于书稿明智、周全的补充性建议时给予了有价值的反馈。另外，我还要感谢拉里·席勒和诺曼·梅勒的作家队伍对所有作家的激励，感谢我的朋友和导师太平洋理事会的杰里·格林在国际政策方面对我的帮助。